RALF SCHRÖDER

HURTIGRUTEN

POLARLICHT UND FJORDE MIT DEM POSTSCHIFF ERLEBEN

DELIUS KLASING VERLAG

Inhalt

Einleitung 7

Norwegens schöne Fjorde 8
Von Bergen bis Kristiansund

Reiche Königsstadt und arme Küste 42
Trondheim: Von Nidaros zur Universitätsstadt

Einsames Kyst-Norge.................... 54
Von Trondheim bis Bodø

Inselwelt im Nordmeer.................. 72
Traumhafte Lofoten

Nordnorwegen ist anders 90
Das nördlichste Bier der Welt

Sehnsucht Nordkap 102
Wo Europa endet

Der Tradition verpflichtet................ 122
Die Geschichte der Hurtigruten

Gut zu wissen 138
Praktische Reisetipps

Schiffs-/Ortsregister 142

Einleitung

Einen Liniendienst über 2500 Seemeilen, der seit 1893 nahezu ohne Unterbrechung aufrechterhalten wird, gibt es weltweit nur an der norwegischen Küste: Hurtigruten heißt die Verbindung zwischen der westnorwegischen Stadt Bergen und der Ortschaft Kirkenes nahe der russisch-norwegischen Grenze im äußersten Nordosten des Landes. Solch eine historische Kontinuität, solch eine Entfernung, solch eine dramatische Landschaft als Kulisse – das ist der Stoff, aus dem Legenden entstehen.

Es begann mit dem Wunsch nordnorwegischer Kaufleute, ihre Waren schneller in die Handelsstädte im Süden des Landes zu schaffen. Ihnen waren die bestehenden Fracht- und Passagierschiffe zu langsam: zu viele Häfen, zu wenig Leuchtfeuer, die Schiffe lagen nachts im Hafen. Es war die Zeit der industriellen Revolution, Dampfschiffe hatten die Segelschiffe abgelöst, der technische Fortschritt hatte den Süden des Landes erreicht. Aber Norwegen war ein armes Land im ausgehenden 19. Jahrhundert.

Die Schifffahrt war im zerklüfteten Land der Fjorde über Jahrhunderte von existentieller Bedeutung. Auch heute zeigt ein Blick auf die Karte, dass Norwegen an der Küste am stärksten besiedelt ist, denn der Wasserweg war stets die natürliche Verbindung – kein Wunder angesichts der hohen Berge, die Norwegens Inland prägen.

Die norwegische Regierung erkannte den Bedarf nach schnelleren Schiffsrouten entlang der Küste und schrieb eine Express-Linie aus. Die Kaufleute von der Inselgruppe Vesterålen gewannen die Ausschreibung und nahmen 1893 den Betrieb auf, zunächst nur mit einem Schiff. Weitere Ausschreibungen folgten, auf die sich nun auch die großen Reedereien aus Bergen und Trondheim bewarben.

Über mehr als 100 Jahre wurde Hurtigruten von mehreren Reedereien gemeinsam betrieben. Die anfängliche Streckenführung ab Trondheim wurde erweitert, im Süden wurde Bergen der Wendepunkt, im Norden wurde es Kirkenes. Einzelne Häfen mögen im Laufe der Jahrzehnte hinzu gekommen sein, andere Häfen wurden aufgegeben, doch der Verlauf des Liniendienstes hat sich im Wesentlichen nicht geändert. Die »Reichsstraße Nummer eins« wurde Hurtigruten in Norwegen genannt, bis Flugzeuge und Autos wichtiger wurden als Schiffe.

Die Welt hat sich stark verändert seit 1893 und doch ist Hurtigruten geblieben, was es von Beginn an war: Eine schnelle Schiffsverbindung für Fracht und Passagiere entlang der norwegischen Küste, ein effektives Verkehrsmittel. Da die schnellen Schiffe auch Post transportierten, erhielten sie den Beinamen Postdampfer. Bis heute führen sie die norwegische Postflagge am Heck, obwohl die meiste Post längst per Flugzeug befördert wird.

Natürlich hat auch Hurtigruten sich verändert: Neue, moderne Schiffe bieten nicht mehr nur noch Platz für Einheimische und Fracht, sondern auch für Touristen aus aller Welt. Für sie werden Landausflüge organisiert, um mehr von Norwegen zu sehen. Eine Kreuzfahrt ist die Reise mit Hurtigruten deshalb noch lange nicht: Nächtliche Anläufe von kleinen Häfen, Gabelstapler, die Fracht in den Schiffsaufzug bringen und ein fester Fahrplan zeigen den wahren Charakter dieser Schiffsverbindung.

Kreuzfahrtschiffe laufen niemals so viele Häfen auf einer Reise an – und sie kommen der Küste nicht so nah. Eine Fahrt mit Hurtigruten ist eine Reise in das Herz Norwegens, denn es schlägt an der Küste, nicht in Oslo: in den kleinen Dörfern, die vom Fischfang leben wie schon immer – in den Städten, wo riesige Schlepper zur Versorgung der Bohrinseln in der Nordsee am Kai liegen – in den steilen Bergen an der Küste, wo Seeadler zuhause sind. Es gibt keine schönere Art, Norwegens Küste zu entdecken als mit den Schiffen der Hurtigruten.

Dieses Buch handelt von der norwegischen Küstenkultur und von der kargen, rauen Landschaft, die von Bord eines der Hurtigruten-Schiffe wie ein großartiger Panoramafilm vorbeizieht. Kleine Bootshäuser unter mächtigen Felswänden, große Fischfabriken in Inseldörfern, schneebedeckte Gipfel unter grauen Wolken, kühne Brückenbauten, die einsame Inseln ans Festland binden und hin und wieder eine lebhafte Stadt – wer mit offenen Sinnen reist, kann auf diesen 2500 Seemeilen viel entdecken.

Der Geirangerfjord wird von Hurtigruten seit April 2000 im Sommer auf der nordgehenden Route angelaufen. Dörfer wie Geiranger, die im Landesinneren liegen, gehörten ursprünglich nicht in den Fahrplan des schnellen Liniendienstes. Kreuzfahrtschiffe besuchen Geiranger seit 1905 regelmäßig (linke Seite).

Norwegens schöne Fjorde

Von Bergen bis Kristiansund

Nur rund 250 Menschen leben ganzjährig in Geiranger. Wenn im Winter die Straßen wegen der Schneemassen nicht zu befahren sind, ist der Wasserweg der einzige Zugang. Rechts im Bild ist die Adlerstraße gut zu erkennen. Sie wurde 1956 eröffnet, davor gab es nur eine Fährverbindung nach Geiranger.

Von Bergen bis Kristiansund

Norwegens Fjorde werden wegen ihrer herben Schönheit in aller Welt gerühmt. Dabei denken die meisten an steile, hohe Ufer wie im engen Geirangerfjord oder an den spektakulären Felsvorsprung Preikestolen, eine rund 600 Meter hohe Kanzel über dem Lysefjord. Fjorde können aber auch eine ganz andere Form haben, beispielsweise weit und breit wie der Trondheimsfjord oder fast schon eine Meeresbucht wie der Porsangerfjord im hohen Norden. Nicht ohne Grund haben sich die vier Regierungsbezirke Westnorwegens unter dem Namen Fjordnorwegen zusammengeschlossen: Hier gibt es die tiefsten und längsten Fjorde – wie aus dem Bilderbuch.

Zu ihnen zählt der Lysefjord bei Stavanger, der besonders karg und steil ist. Um auf den Preikestolen zu gelangen, muss man rund zweieinhalb Stunden wandern. Auf dem Bauch liegend an den Rand robben und lotrecht hinab auf den Fjord schauen? Für den Preikestolen sollte man absolut schwindelfrei sein! Nicht minder atemberaubend ist der Kjeragbolten am Ende des Lysefjords: Am rund 1000 Meter hohen Berg Kjerag gibt es einen abgerundeten Felsstein, der in einer Felsspalte hoch über dem Abgrund klemmt. Wer auf diesem Fels ein Erinnerungsfoto machen will, sollte nicht nur über ausreichend Bergerfahrung verfügen, sondern auch trittsicher, furchtlos und natürlich schwindelfrei sein. Doch sind es genau diese Orte, die zum Ruhm der Fjorde beitragen.

Schneeschmelze und Regenfälle sorgen für gut gefüllte Wasserfälle (linke Seite). Stavanger im Süden Fjordnorwegens war von 1919 bis 1940 auch ein Hurtigruten-Hafen, jedoch nicht mit täglichen Abfahrten. Der bei Stavanger gelegene Lysefjord ist bei Basejumpern sehr beliebt. Sie stürzen sich aus rund 900 Metern in die Tiefe (rechts).

Die Nordkapp hat Ende April den Geirangerfjord verlassen und ist auf dem Weg zurück nach Ålesund. Noch liegt viel Schnee in den Bergen (großes Bild). Auf dem tiefen und engen Geirangerfjord macht sich die Fähre auf den Weg von Geiranger nach Hellesylt. Die Fährpassage gehört zu den schönsten Norwegens (kleines Bild).

An spektakulären Felsformationen mangelt es in Fjordnorwegen nicht! Der Fels Kjeragbolten klemmt in einer Felsspalte oberhalb des Lysefjords (oben). Immer wieder stellen sich mutige Wanderer auf den Block rund 1000 Meter über dem Fjord. Die Felskanzel Preikestolen (rechte Seite) fällt nahezu lotrecht aus 604 Metern Höhe zum Lysefjord ab.

14 Norwegens schöne Fjorde

Norwegens schöne Fjorde

Ganz anders ist der Hardangerfjord, er präsentiert sich lieblicher. In den Südlagen wird an seinen Ufern Obst angebaut. Wenn Kirsch- und Apfelbäume im Frühjahr blühen, während oben im Fjell noch weiße Schneekappen die Berge zieren, verströmt der Hardangerfjord einen ungeahnten Charme. Enge, felsige Passagen wie am Lysefjord sind dem Hardanger fremd.

Der Sognefjord beeindruckt allein schon durch seine Ausmaße: 204 Kilometer ist er lang und an seiner tiefsten Stelle mehr als 1300 Meter tief. Einige seiner Arme sind so berühmt wie der Hauptfjord: Der Nærøyfjord bei Gudvangen und der Aurlandsfjord bei Flåm und Aurland wurden als UNESCO-Welterbe unter Schutz gestellt. Beide sind eng und steil, fast wie der Lysefjord weiter südlich, jedoch nicht ganz so felsig. Der Lusterfjord hat wiederum einen Seitenarm, aber auch Obstplantagen wie am Hardangerfjord. Und der Fjærlandsfjord reicht fast bis an Norwegens größten Gletscher, den Jostedalsbreen, heran. Allein durch seine Länge und die zahlreichen Arme zeichnet sich der Sognefjord also durch eine enorme landschaftliche Vielfalt aus.

Weiter nördlich hat es der kleine Geirangerfjord geschafft, als Seitenarm des Storfjords berühmter zu werden als der Hauptfjord. An seinem Ufer gibt es nur ein kurzes Stück Straße, zu steil sind die Berge, zu zahlreich die Wasserfälle, die sich von oben herab in den Fjord stürzen. Der Geirangerfjord ist der berühmteste alle norwegischen Fjorde, was allerdings in der Hauptsaison oft zu großem Andrang von Touristen aus aller Welt führt. Maximal drei Kreuzfahrtschiffe dürfen am Fjordende in Geiranger gleichzeitig auf Reede liegen, sonst würde das Dorf die Urlaubermassen nicht verkraften.

Ländliche Idylle am Hardangerfjord in der Nähe von Bergen: Bootsschuppen und Lagerhäuser direkt am Wasser sind ein vertrautes Bild in Norwegen. Das Leben hat sich über Jahrhunderte überwiegend an der Küste abgespielt. Die Nähe zu Fischgründen war ebenso wichtig wie ein kleines Stückchen Bauernland (linke Seite). Leuchtfeuer und Leuchttürme entstanden an der norwegischen Küste in nennenswerter Zahl erst Ende des 19. Jahrhunderts (links).

Stilles Wasser im Hardangerfjord, die hohen Berge schützen vor Wind. Wenn nun das flache, warme Licht des Nordens die Szenerie beleuchtet, entstehen die schönsten Spiegelungen im Wasser (großes Bild). Jedes brauchbare Fleckchen Land am Ufer wird landwirtschaftlich genutzt (kleines Bild).

Norwegens schöne Fjorde

Zwischen hohen steilen Bergen eingeschlossen: der Nærøyfjord. Die Fjorde sind eiszeitliche Rinnen, die – so besagt eine Faustregel – unter Wasser ungefähr so tief sind, wie die Berge an ihren Ufern hoch sind.

Kleine Bauernhöfe säumen das Ufer des Aurlandsfjord in der Nähe von Flåm. Traditionell wurden meist Ziegen und Schafe gehalten. Der norwegische Ziegenkäse, der »Brunost«, entstand früher auf den Almen, heute wird er überwiegend industriell hergestellt (rechte Seite oben).

Der kleine Hafen von Solvorn am Lusterfjord. Ein Boot zu haben, ist hier so normal wie das Auto in Mitteleuropa. Die kleinen, offenen Boote werden zum Angeln oder zum Netze auslegen benutzt, große Sportboote liegen vor allem in den Städten (rechte Seite unten).

Norwegens schöne Fjorde

Auf mehreren norwegischen Gletschern – wie hier auf dem Briksdalsbreen – werden Wanderungen angeboten. Dazu zählen der Folgefonna am Hardangerfjord sowie mehrere Arme des Jostedalsbreen nördlich des Sognefjords. Wer die kalte Pracht erleben möchte, sollte einige Tage zusätzlich vor oder nach der Reise dafür einplanen.

Norwegens schöne Fjorde

Im glatten Wasser des Fjaerlandsfjords spiegeln sich Landschaft und Himmel (oben).
Das Nationalparkhaus in Stryn informiert über den Gletscher Jostedalsbreen. Er ist der größte seiner Art in Norwegen. 487 Quadratkilometer sind von Eis bedeckt, der höchste Gipfel des Gletschers liegt bei 2083 Metern (unten).

Hurtigruten und die Fjorde

Hurtigruten hat mit den Fjorden zunächst einmal wenig zu tun. Die Schiffe im Liniendienst verbinden Bergen in Fjordnorwegen mit Kirkenes kurz vor der norwegisch-russischen Grenze entlang der Küste. Abstecher tief in das Landesinnere sind nicht vorgesehen. Den Urlaubern an Bord zuliebe gibt es seit April 2000 aber eine Ausnahme. Auf der nordgehenden Route machen die Schiffe von Ålesund aus einen Abstecher in den Geirangerfjord, dies aber nur im Sommerhalbjahr zwischen Juni und August. Im September und Oktober wird der benachbarte Hjørundfjord mit der Ortschaft Urke besucht. So sehen die Gäste an Bord zumindest einen der berühmten Fjorde ganz aus der Nähe. Damit auch genügend Zeit für diesen Abstecher bleibt, verschiebt sich der Sommerfahrplan zwischen Bergen und Trondheim etwas, dies betrifft aber nur die nordgehende Route. Statt um 22.30 Uhr wie im Winterhalbjahr legt das Schiff bereits um 20 Uhr in Bergen ab. Alle folgenden Anläufe bis Ålesund werden vorgezogen, dann folgt die Minikreuzfahrt in den Geirangerfjord. Die folgenden Anläufe liegen später als in der dunklen Jahreszeit. Mit der Liegezeit in Trondheim wird die Differenz ausgeglichen, im weiteren Routenverlauf gibt es keine Unterschiede mehr zwischen Sommer- und Winterfahrplan.

Bergen, der südliche Wendepunkt der Fahrt mit Hurtigruten, ist der einzige Hafen auf der Strecke, der über ein großes Terminal zum Einchecken verfügt. Hier liegt die Nordlys am Nachmittag, bevor es abends wieder auf die lange Reise gen Norden geht.

Hansestadt Bergen

Bergen, der Ausgangspunkt aller Hurtigrutenschiffe seit 1914, ist mehr wert als nur eine kurze Stadtrundfahrt. Größte Sehenswürdigkeit ist das ehemalige Hanseviertel mit seinen etwa 300 Holzhäusern und schmalen Gassen. Nach einem Großbrand im Jahre 1702 fast vollständig zerstört, wurden die Kontorhäuser im alten Stil wiederaufgebaut. Beim großen Stadtbrand von 1955 gingen erneut große Teile verloren, immerhin 62 Häuser blieben erhalten. Nachdem die Stadtverwaltung zunächst erwogen hatte, die verbliebenen Gebäude abzureißen, überlegte sie es sich anders. Die historischen Häuser wurden verschont, der Rest des Viertels rekonstruiert. Zum Glück, sonst wäre Bergen heute um eine wichtige Touristenattraktion ärmer.

In einem der historischen Handelshäuser befindet sich das Hansemuseum (Det Hanseatiske Museum). Hier wird sehr anschaulich erklärt, wie der Handel entlang der norwegischen Küste über Jahrhunderte hinweg funktionierte. Stockfisch liegt auf der Waage, als hätte der Kaufmann nur kurz das Büro verlassen, und auf einer Tafel stehen mit Kreide die Lieferungen der Woche angeschrieben.

Wer sich für maritime Geschichte interessiert, sollte sich auch das Seefahrtsmuseum anschauen. Einen Überblick über die ersten Seemeilen der Postschiff-Route hat man vom Hausberg Fløyen, der über eine Standseilbahn zu erreichen ist. Die Talstation liegt nur 50 Meter vom Fischmarkt am Hafenbecken Vågen entfernt. Von oben hat man einen schönen Blick auf die Inseln, die der Küste bei Bergen vorgelagert sind.

Wenn genug Zeit ist, lohnt Troldhaugen, das ehemalige Wohnhaus des Komponisten Edvard Grieg, einen Besuch. Beliebt sind die kleinen Konzerte, die in einem auf dem Gelände erbauten Konzertsaal gegeben werden. Doch das schöne, das musische Bergen mit der folkloristischen Leichtigkeit Griegscher Kompositionen ist nur eine Seite der Hansestadt. Die bittere Realität des 19. Jahrhunderts zeigt das Lepramuseum, eine komplett erhaltene Leprastation in der Innenstadt. Der Bergenser Arzt Gerhard Armauer Hansen (1841–1912) entdeckte 1873 den Lepraerreger. Damit schaffte er die Voraussetzungen zur Bekämpfung dieser schweren Infektionskrankheit, die auch unter dem Namen Aussatz bekannt ist. Norwegen war zu der Zeit das Land mit den meisten Leprafällen, zwischen 1850 und 1900 galt Bergen als »Hauptstadt der Leprakranken«, wie es das Bergenser Museum schmucklos formuliert. Für zarte Gemüter ist die Ausstellung weniger geeignet, muten die Behandlungsmethoden des 19. Jahrhunderts aus heutiger Sicht doch recht archaisch an.

Landgang
Zum Sognefjord per Bahn und Schiff

Von den großen Fjorden Westnorwegens sieht man von den Hurtigrutenschiffen aus nur den Geirangerfjord. Wer mehr von diesen inmitten der Bergwelt gelegenen faszinierenden Meeresarmen sehen möchte, kann vor oder nach der Reise einen Abstecher zum Sognefjord machen. Dies ist sowohl individuell möglich als auch als organisierter Ausflug, der unter dem englischen Namen »Norway in a nutshell« von örtlichen Reiseagenturen in Bergen angeboten wird. Von dort aus fährt man mit der Bergen-Bahn, einem Fernzug der norwegischen NSB, in Richtung Oslo hinauf auf Europas größte Hochebene Hardangervidda. 1909 wurde die Bahnstrecke zwischen Oslo und Bergen eröffnet, ihr höchster Punkt liegt auf über 1200 Metern. Die Fahrt führt an Wasserfällen vorbei, über enge Schluchten und durch Tunnel. Nach etwa 150 Kilometern Bergfahrt steigt man in Myrdal (auf 865,5 Meter Höhe) zur Talfahrt in Richtung Sognefjord auf den lokalen Zug der 1940 fertiggestellten Flåmsbahn um.

Diese überwindet den Höhenunterschied deutlich schneller – genauer: 863 Meter auf einer Länge von nur 20 Kilometern. Die Flåmsbahn gilt deshalb als steilste Normalspurbahn Europas. Mit dem Bau dieser Stichbahn hinab zum Sognefjord wurde bereits 1923 begonnen, doch das enge Tal stellte die Bauarbeiter vor schwierige technische Herausforderungen. 20 Tunnel von insgesamt sechs Kilometer Länge wurden von Hand in den Fels getrieben. Die Tunnelpassagen sind kurz, eröffnen aber immer wieder neue, spektakuläre Ausblicke hinab ins Tal und schließlich auf den Aurlandsfjord.

Mehr als 500 000 Gäste sind jedes Jahr mit der Flåmsbahn unterwegs, die damit zu den wichtigsten Touristenattraktionen Norwegens zählt. Viele von ihnen kommen mit Kreuzfahrtschiffen, die unten in Flåm am Kai festmachen, nur wenige Schritte vom Bahnsteig und dem kleinen Bahnmuseum entfernt. Der Anteil an Güterverkehr, für den die einspurige Bahnlinie ursprünglich gebaut wurde, ist heute verschwindend gering. Die Flåmsbahn ist schon längst keine normale Strecke mehr: So wird für die vielen Touristen etwa ein Fotostopp am Wasserfall Kjosfossen eingelegt.

Die Ortschaft Flåm besteht aus zwei Hotels und ein paar wenigen Wohnhäusern an der Mündung eines Bergbachs in den Fjord. Die Europastraße, die Bergen mit Oslo fährenfrei verbindet, führt überwiegend durch einen Tunnel. Flåm selbst hat keinen Durchgangsverkehr mehr. Ein Kreuzfahrtschiff und ein bis zwei Ausflugsschiffe können am Kai festmachen, auch das Fährboot nach Bergen legt hier an. Mit einer Expressfähre kann man von hier aus durch den Aurlandsfjord schließlich zum Hauptarm, dem Sognefjord, gelangen und weiter durch die Inselwelt nach Bergen fahren.

Eine Alternative stellen die Ausflugsschiffe dar, die von Flåm durch den Aurlandsfjord in den benachbarten Arm, den Nærøyfjord, einfahren und dort in Gudvangen am Fjordende festmachen. Der Nærøyfjord wurde 2005 auf die Liste des UNESCO-Welterbes gesetzt. Mit seinen steilen Felswänden bietet er eine imposante Szenerie: Bis zu 1400 Meter ragen die Berge an den Ufern auf, die nur an wenigen flachen Stellen Raum für einzelne Höfe lassen. Ein Bus bringt die Gäste von Gudvangen nach Voss, wo Anschluss an die Bahnlinie Bergen–Oslo besteht. Dabei wird auch die enge Schlucht Stalheimskleiva passiert. Die alte Stalheimstraße mit ihren 13 sehr engen Serpentinen und der starken Steigung hat heute für den Durchgangsverkehr ausgedient, doch die grandiose Aussicht von der Terrasse des Stalheim-Hotels am oberen Ende der Schlucht ist geblieben. Dieser Blick hinab zum Fjord diente mehreren norwegischen Landschaftsmalern im 19. Jahrhundert als Motiv.

Die Rundreise kann in ähnlicher Form auch als Aktivreise durchgeführt werden: Man fährt von Voss mit der Bahn bis Myrdal und dann einige Stationen mit der Flåmsbahn hinab. Dort warten Fahrräder, mit denen man auf dem Versorgungsweg parallel zur Bahn gen Flåm radelt. Die Fahrt auf dem Fjord von Flåm nach Gudvangen wird mit einem sogenanntem RIB-Boot durchgeführt; hierbei handelt es sich um ein PS-starkes Schlauchboot. Zwischen Gudvangen und Voss kommt auch in dieser Version der Bus zum Einsatz. Wer mag, kann am Abend in Voss noch eine Rafting-Tour durch die Stromschnellen machen.

Fakten zur Flåmsbahn

Länge: 20,2 km
Höchster Punkt: 865,5 Meter über Meeres[spiegel]
Tiefster Punkt: 2 Meter über Meeresspiegel
Größte Steigung: 1:18
Spurbreite: 1435 mm
Höchstgeschwindigkeit: 40 km/h
Fahrzeit: etwa 60 Min.
Anzahl Tunnel: 20
Anzahl Brücken: 1
Haltepunkte: 8
Baubeginn: 1923
Einweihung: 1. August 1940
Elektrifizierung: 1944

Die Stabkirche von Borgund gehört zu den schönsten Norwegens (links oben). Kvikne's Hotel in Balestrand wurde schon von Kaiser Wilhelm II. besucht (oben rechts). Die Flåmsbahn überwindet vom Fjord 865 Höhenmeter bis zum Anschlussbahnhof Myrdal in den Bergen (links). Blick auf Vik am Sognefjord (unten).

30 Norwegens schöne Fjorde

Die meisten Gäste verschlafen die Ankunft in den ersten Häfen, die von den Hurtigrutenschiffen angelaufen werden, da das Festmachen nachts erfolgt. Nach dem Passieren der Sognefjord-Mündung erreichen die Schiffe in den frühen Morgenstunden schließlich das gelegentlich schaukelige Westkap, Norwegens westlichsten Punkt auf der Halbinsel Stadlandet. In Florø (linke Seite oben und unten), einer an der Küste gelegenen Kleinstadt, sowie in den Dörfer Måløy und Torvik wird nur kurz festgemacht. Zum Frühstück kommen die Schiffe in Ålesund an – zumindest im Sommer, wenn der Exkurs in den Geirangerfjord ansteht.

Die NORDSTJERNEN von 1956 wurde bereits mehrfach in Pension geschickt, zuletzt im Jahr 2012. Der beliebte Oldtimer feierte bis dahin jedoch stets seine Rückkehr in den Liniendienst.

Kreuzfahrtschiffe machen in Ålesund an einem ehemaligen Frachtkai fest, während die Hurtigruten-Schiffe auf der anderen Seite der Stadt liegen. Der Blick vom Berg Aksla zeigt den Sund quer durch Ålesund ebenso wie die vorgelagerten Inseln, die den Hafen schützen.

Der Jugendstil und Kaiser Wilhelm II.

Ålesund bezeichnet sich selbst als die Jugendstilstadt Norwegens. Am 23. Januar 1904 legte einer der größten Stadtbrände Norwegens das alte Ålesund in Schutt und Asche. Etwa 850 Häuser gingen in Flammen auf, nur rund 230 Häuser überstanden das Feuer. Es grenzt an ein Wunder, dass bei diesem Großbrand nur ein Mensch ums Leben kam. Die internationale Hilfsbereitschaft war enorm, insbesondere der deutsche Kaiser Wilhelm II. zeigte sich großzügig: Er ließ vier Schiffe mit Medikamenten, Verpflegung und anderen Hilfsmitteln nach Ålesund schicken. In den Folgejahren wurde die Stadt neu aufgebaut, allerdings durfte nun nur noch in Stein gebaut werden. Aus diesem Grund entstand eine Vielzahl an Gebäuden im damals populären Jugendstil. Lange ist man in Ålesund mit diesem Erbe etwas schlampig umgegangen. Große, nachträglich eingebaute Schaufenster haben in der Fußgängerzone viele schöne Jugendstilfassaden zerstört und Ålesunds Rathaus im Waschbeton-Stil ist eine Schande für das Stadtbild. Doch vor etwa 15 Jahren begann man umzudenken. Die verbliebenen Jugendstilfassaden werden seither gepflegt und ein Jugendstilzentrum informiert über diesen in Norwegen eher seltenen Baustil.

34 Norwegens schöne Fjorde

Kaiser Wilhelm II. war ein großer Freund Norwegens, er verbrachte viele Sommer auf seiner Yacht Hohenzollern II in den Fjorden. Zwischen 1894 und 1913 war er nahezu jedes Jahr in norwegischen Gewässern unterwegs. Viele Anekdoten kursieren rund um den deutschen Kaiser. So heißt es im Union Hotel Øye, einem kleinen historischen Hotel südöstlich von Ålesund, dass man noch im Besitz einer Badewanne sei, in der sich schon Wilhelm II. amüsiert haben soll. Hartnäckig halten sich auch Gerüchte um uneheliche Kinder des Kaisers. Belegbar hingegen ist seine Vorliebe für bestimmte Orte: In Vangsnes am Sognefjord ließ der Kaiser 1913 eine von dem deutschen Bildhauer Max Unger geschaffene Statue errichten, die den Namen »König Fridtjov der Tapfere« trägt. Bis heute schaut diese 22 Meter hohe Figur weit über den Fjord.

In Ålesund gibt es weiterhin eine nach dem deutschen Kaiser benannte Straße. Dies ist insofern bemerkenswert, als nach der deutschen Besatzung Norwegens im Zweiten Weltkrieg viele deutsche Bezüge in Orts- und Straßennamen getilgt wurden. So heißt beispielsweise in Bergen das deutsche Hanseviertel Tyske Bryggen nur noch Bryggen.

Früher machten im Brosund, dem »Brückensund«, die Fischkutter fest. Heute liegen in Ålesunds Wasserstraße vornehmlich Freizeitboote (links). Die schmale Hafeneinfahrt trennt das dicke, gemütliche Leuchtfeuer vom Hurtigruten-Anleger, wo die Richard With abfahrbereit liegt (oben).

Am Trollstigen wurden in den letzten Jahren neue Aussichtspunkte zugänglich gemacht, sodass man hinab ins Tal auf die spektakulär verlaufenden Serpentinen schauen kann (oben).

Eine private Mautstraße, Nibbevei genannt, führt auf den Gipfel Dalsnibba, der einen großartigen Blick auf Geiranger und den Geirangerfjord bietet. Gleich daneben schimmert blaugrün, oft aber auch schnee- und eisbedeckt, der See Djupvatnet (unten).

An der schmalen Einfahrt vom Sunnylvsfjord und dem Storfjord in den Geirangerfjord ziehen die Wolken manchmal auf Höhen von unter 200 Metern. Das sorgt für wunderbare Lichtspiele, wenn es nicht zu viele Wolken sind (rechte Seite).

36 Norwegens schöne Fjorde

Während in Ålesund die Liegezeit im Winter volle drei Stunden beträgt, ist der Aufenthalt im Sommer deutlich kürzer. Schließlich folgt einer der Höhepunkte dieser Schiffsreise: der Abstecher in den Geirangerfjord, der seit dem Jahr 2000 den Touristen an Bord zuliebe in den Fahrplan aufgenommen wurde. Durch den Storfjord windet sich das Schiff landeinwärts, um bei der Ortschaft Stranda rechts in den Sunnylvsfjord abzubiegen. Plötzlich sind an den Ufern weder Straßen noch Häuser zu sehen, die Berge werden höher, die Hänge steiler. Mit der Einfahrt in den Geirangerfjord wird dieser Eindruck weiter verstärkt: Wie eine Miniatur wirkt das große Schiff angesichts der umliegenden Felsmassive. Wasserfälle stürzen zum Fjord hinab, nahezu lotrecht die einen, in Kaskaden die anderen. Kaum zu glauben, dass es oben im Hang vereinzelte Gehöfte gibt, die noch bis vor wenigen Jahren bewohnt oder zumindest bewirtschaftet waren. Eine Straßenzufahrt existiert nicht.

Selbst die kleine Ortschaft Geiranger am Ende des Fjords ist nicht das ganze Jahr über auf dem Landweg erreichbar. Die Straße 63 hinauf nach Stryn ist oft bis in den Mai hinein wegen Schnee unpassierbar. Wenn dann auf der Gegenseite auch die Adlerstraße wegen Schnee oder Straßenglätte gesperrt ist, bleibt nur wie eh und je der Wasserweg. Eine Fähre verbindet Geiranger mit Hellesylt, wo Anschluss an das westnorwegische Straßennetz besteht.

Im Geirangerfjord wird besonders deutlich, warum Norwegen eine Seefahrtsnation ist: Nur der Wasserweg ist ganzjährig frei, das Inland hingegen ist oft unwegsam. Selbst in modernen Zeiten kann ein permanenter Zugang per Straße nicht garantiert werden. So geht es in diesem dünn besiedelten Land vielen kleinen Ortschaften. Selten wird dies so plakativ sichtbar wie im engen, steilen Geirangerfjord: Der Ort Geiranger hat gerade mal etwa 240 Einwohner, doch im Sommer, wenn zahlreiche Urlauber die drei Hotels und den Campingplatz füllen, wenn die Kreuzfahrtschiffe ihre Gäste für die Landausflüge mit den Tenderbooten ausschiffen, wird aus dem beschaulichen Dorf ein quirliges Touristenzentrum mit Souvenirshops und Cafés.

Der breite Moldefjord wird in beide Fahrtrichtungen am Abend erreicht. Wenn im Winter die Berge noch Schneemützen tragen, wirkt das Panorama im Fjord besonders eindrucksvoll (oben links). Moderne Architektur am Fjord: Das Hotel Seilet in Molde hat die Form eines Segels (oben rechts).

Auch Hurtigruten bietet hier Landausflüge an. Der Aussichtspunkt auf dem Berg Dalsnibba, der 1500 Meter über dem Fjord liegt, ist besonders beliebt. Wenn allerdings die Wolken niedrig hängen, fällt der Ausblick aus luftiger Höhe hinab auf den Geirangerfjord aus. Der zweite populäre Aussichtspunkt liegt an der sogenannten Adlerstraße, der nordwestlichen Zugangsstraße. Ihr norwegischer Name lautet Ørnesvingen, was so viel wie Adlerkurve oder auch Adlerschwinge bedeutet. Eine Aussichtsterrasse schiebt sich über den steilen Hang, der Blick reicht in die engste Passage des Fjords hinein. Ob der Landausflug von dort nach Ålesund führt oder zusätzlich noch über die alte Passstraße Trollstigen bis nach Molde geht, ist eine Frage des Wetters. Der Trollstigen öffnet meist erst im Mai, bei Neuschnee kann es aber noch bis in den Juni hinein zu kurzfristigen Schließungen kommen. Aus einem Hochtal führen die engen Serpentinen in einer spektakulären Straßenführung hinab in Richtung Åndalsnes. Das Schiff wird abends in Molde erreicht.

Molde liegt am Übergang des weiten Romsdalsfjords in den Moldefjord. Die Uferlandschaften sind eher lieblich, werden im Hintergrund aber von hohen Gipfeln überragt. Jedes Jahr Ende Juli treffen sich hier die Größen des Jazz zu einem internationalen Festival. Die Ausfahrt der Hurtigrutenschiffe aus dem Fjord – im Sommer begegnen sich das nord- und das südgehende Schiff gegen 22 Uhr in Molde – ist im warmen Abendlicht besonders schön. Mit etwas Glück fährt das Schiff genau in die untergehende Sonne.

Richtung Norden folgt die Bucht Hustadvika, die für ihre kabbelige See bekannt ist. Durch eine vergleichsweise niedrige Wassertiefe können hier unangenehme Wellen entstehen, das Schiff rollt auch bei wenig Wind auf dem Weg nach Kristiansund. Mit Erreichen der Kleinstadt, die rund um eine von vier Inseln geschützte Bucht entstand, hat die Schaukelei ein Ende. Kristiansund ist der letzte Hafen Fjordnorwegens auf dem Weg nach Norden. Trondheim am nächsten Morgen gehört bereits zur Landschaft Trøndelag und zählt zu Mittelnorwegen.

Landgang
Die Atlantikstraße

Kristiansund und Molde sind durch die sogenannte Atlantikstraße miteinander verbunden, die direkt an der Küste über Holme und Schären führt. Mit elegantem Schwung überspannen Brücken die Buchten. Nur wenige Straßen in Europa führen derart nah am Atlantik entlang. Wenn bei Sturm die Gischt über die Fahrbahn geblasen wird, entfaltet der Atlanterhavsvegen, so der norwegische Name, seine volle Dramatik.

Auch wenn der sehenswerte Teil der Atlantikstraße nur neun Kilometer misst und somit schnell durchfahren ist, hat der Landausflug, den Hurtigruten auf der südgehenden Strecke anbietet, gerade bei Sturm durchaus seinen Sinn: Während das Schiff durch die raue See der Bucht Hustadvika schaukelt, sitzt man bequem im Bus. Das Schiff wird wieder in Molde erreicht.

Kristiansund liegt in einer geschützten Bucht auf mehreren Inseln. Wenn man auf den Hafen schaut, ist vom Meer nichts zu sehen. Die Schiffe müssen durch eine enge Passage zwischen zwei der Stadtinseln hindurch, um ihre Passage nach Norden oder Süden fortzusetzen.

Reiche Königsstadt und arme Küste

Trondheim: Von Nidaros zur Universitätsstadt

Trondheim liegt an der Mündung des Flusses Nidelva. An seinen Ufern sind zahlreiche alte Speicher erhalten, die heute gern als Büros genutzt werden. Neubauten wurden so geschickt integriert, dass sie erst auf den zweiten Blick zu erkennen sind und ein harmonisches Stadtbild entstand.

Trondheim: Von Nidaros zur Universitätsstadt

Der Charakter der Landschaft ändert sich, die Berge werden flacher, das Land grüner, wenn sich das Schiff Trondheim nähert. Sanfte Hügel säumen den Trondheimsfjord, fruchtbares Land mit Bauernhöfen ist zu erkennen. Dazwischen liegt Norwegens drittgrößte Stadt Trondheim. Mit Bergen und Oslo buhlte Trondheim einst um die Vorherrschaft im Land, immerhin war man im Mittelalter fast 200 Jahre Hauptstadt, genauer: von 1030 bis 1217. Oslo, diese Hauptstadt von Gnaden der dänischen Besatzer, wurde von den Trondheimern nie richtig akzeptiert. Einerseits lag Trondheim als Hafenstadt stets im Clinch mit Bergen, andererseits verband die beiden Städte ihre ähnliche Rolle gegenüber den Herrschern in Oslo und Kopenhagen: kraftvolle, selbstständige Wirtschaftszentren an der Westküste mit guten Verbindungen nach Großbritannien und Nordnorwegen, wo der Widerstand gegen die dänische Vorherrschaft und von 1814 bis 1905 gegen die schwedische Herrschaft seine Basis fand.

1997 feierte Trondheim sein 1000-jähriges Stadtjubiläum, drei Jahre vor der Hauptstadt. Oslo, das 1950 seinen 900. Geburtstag gefeiert hatte, zelebrierte nur 50 Jahre später bereits sein 1000-jähriges Bestehen. Begründet wurde diese erstaunliche Zeitraffung mit neuen archäologischen Erkenntnissen, aber der Millenniumswechsel dürfte wohl ein nicht minder starkes Argument gewesen sein. Aus Trondheim, nun nur noch drei Jahre »älter«, kam jedenfalls reichlich Spott. Nun sind diese Jahreszahlen allesamt sowieso nur bedingt verlässlich, schließlich werden als Quellen oft die altnordischen Sagas verwendet. Ihre Inhalte wurden über Jahrhunderte hinweg mündlich tradiert und erst zwischen 1120 und etwa 1400 n. Chr. in Schriftform gebracht. Da mag dann schon das ein oder andere historische Detail der Erzählkunst geopfert worden sein.

Reiche Königsstadt und arme Küste

Die MIDNATSOL ist das jüngste Schiff der Hurtigruten. Hier gleitet der komfortable Liner durch den breiten Trondheimsfjord. In Trondheim entstand auf einem ehemaligen Werftgelände ein schickes Einkaufs- und Kneipenviertel (oben). Ein altes Trockendock blieb samt Toren erhalten.

Das Zentrum von Trondheim liegt auf einer Halbinsel, die im Norden vom Trondheimsfjord begrenzt und ansonsten von dem Fluss Nidelva umgeben wird. An dessen Ufer steht der Nidarosdom, die wohl berühmteste Kirche Norwegens. Ihre Ursprünge liegen in einer Steinkirche aus dem Jahr 1030. Es folgten Ausbauten, bis das Gotteshaus um das Jahr 1300 fertig war – zumindest zunächst. Nach einem Brand im Jahr 1531 stand die Kirche nahezu 400 Jahre als teilweise dachlose Ruine am Rande des Stadtzentrums. Immer wieder führten Brände zu weiteren großen Zerstörungen. Doch im Rahmen der aufkommenden Nationalromantik des 19. Jahrhunderts wurde der Nidarosdom schließlich »wiederentdeckt«, waren hier doch die norwegischen Könige gekrönt worden, als das Land noch nicht in Personalunion vom dänischen Königshaus regiert wurde. Der Nidarosdom taugte als Symbol für ein eigenständiges Norwegen. Ab 1869 begann man, die schwer beschädigte Kirche zu restaurieren. Man glaubt es kaum, doch offiziell abgeschlossen wurden die Arbeiten erst 2003. Im Grunde stehen die Besucher heute vor der kompletten Rekonstruktion eines neugotischen Gotteshauses, von dem einst nichts als die Außenmauern erhalten waren. Der Nidarosdom ist das Nationalheiligtum des Landes.

Bybrua, die Stadtbrücke mit ihren zwei hölzernen Torbögen, stammt aus dem Jahre 1861 (linke Seite). Als der Fluss noch die Stadtgrenze Trondheims markierte, hatte die Klappbrücke noch eine Schutzfunktion für den Stadtkern.

Der Nidarosdom fristete rund 400 Jahre ein Schicksal als Ruine, bevor er in der Nationalromantik »wiederentdeckt« wurde. Von 1869 bis 2003 wurde das neugotische Gotteshaus nach alten Plänen restauriert und ist heute die wichtigste Touristenattraktion Trondheims (rechts).

Blick von der Festung Kristiansten hinab auf das Zentrum von Trondheim mit dem Nidarosdom (folgende Doppelseite).

Reiche Königsstadt und arme Küste

Landgang
Musikalisches Trondheim

Trondheim ist eine musikalische Stadt: So ist im Ringve-Museum eine sehr spezielle Sammlung historischer Instrumente zu sehen – und zu hören, da Musikstudenten einzelne Instrumente vorführen dürfen. Das Ringve-Museum befindet sich in einem Gutshof aus dem 18. Jahrhundert vor den Toren der Stadt. Es wurde 1952 eröffnet und entstand aus einer privaten Sammlung der letzten Hofbesitzer. Victoria Bachke (1896–1963) teilte mit ihrem Ehemann die Liebe zur Musik. Da das Paar keine Kinder hatte, widmete es sich dem Aufbau einer Musikinstrumentensammlung. Victoria, 23 Jahre jünger als ihr Ehemann, brachte von ihren Reisen durch ganz Europa viele Stücke mit. (Ihr Sammlergeist war bei Antiquitätenhändlern übrigens gefürchtet, denn zahlen wollte sie meist nur ungern.) So entstand mit rund 2000 Instrumenten die Basis für das heutige Nationale Norwegische Museum für Musik und Musikinstrumente, so der offizielle Titel. Besichtigt werden kann die Sammlung nur im Rahmen von Führungen. Hurtigruten bietet zwischen Mitte April und Anfang Oktober Landausflüge zum Gutshof Ringve sowie zum Museum an.

Doch das Ringve-Museum ist nicht der einzige Bezug Trondheims zur Musikgeschichte: Selber aktiv werden kann man im noch jungen Museum Rockheim, das 2010 in einem ehemaligen Hafenspeicher, nur wenige Schritte vom Hurtigrutenanleger entfernt, eröffnete. Es erzählt die Geschichte der norwegischen Pop- und Rockmusik. Interaktiv kann man alte Filme norwegischer Popstars sehen, virtuell in historischen Zeitschriften blättern und sich über die Musikerattitüde der 1970er-Jahre amüsieren. Rockheim ist ein leuchtendes Beispiel dafür, dass Museen nicht verstaubt sein müssen, sondern richtig Spaß machen. So kann man sich etwa in einen virtuellen Bus setzen: In den Seitenfenstern laufen Musikfilme, die man über einen Touchscreen vor sich auswählen kann, in den Frontscheiben ist die Fahrt eines Busses über eine einspurige Küstenstraße im sommerlichen Norwegen zu sehen – als Endlosschleife. So erfährt man, dass der avantgardistische norwegische Jazzgitarrist Terje Rypdal in den 1970er-Jahren an der norwegischen Vorausscheidung zum »Grand Prix de la Chanson« teilnahm. Oder schaut Filme vom Holmenkollen-Festival vor 40 Jahren, damals eine Art Mini-Woodstock. Das Museum kann man während der Liegezeit der Schiffe bestens zu Fuß erreichen.

Die beiden Musik-Museen Trondheims könnten unterschiedlicher nicht sein: Das Ringve-Museum mit historischen Instrumenten aus aller Welt liegt außerhalb in einem ehemaligen Herrenhof (linke Seite). Das Museum Rockheim, das sich der Geschichte der norwegischen Rock- und Popmusik widmet, fand seinen Platz in einem ehemaligen Speicher am Hafen (oben).

Die Schlacht bei Stiklestad

Am 29. Juli 1030 fand bei Stiklestad nördlich von Trondheim die vielleicht wichtigste Schlacht in der Geschichte des Landes statt. König Olav Haraldsson war 1028 ins Ausland geflohen, nachdem ihm mächtige Regionalfürsten und die Bauernschaft die Gefolgschaft versagt hatten. Olav hatte die Bauern unter Zwang christianisiert, sich möglicher Rivalen in der eigenen Familie entledigt und regierte tyrannisch. Beliebt war er im Lande nicht. Als einer seiner Widersacher 1029 ums Leben kam, sah Olav die Möglichkeit, seinen Thron zu verteidigen. Aus Russland kommend, zog er über Schweden mit einem Söldnerheer gen Trondheim. Bei Stiklestad trafen die Kombattanten aufeinander: auf der einen Seite das geeinte Heer der Bauern und Regionalfürsten, auf der anderen Seite die Söldnertruppe des Ex-Königs. Schenkt man den Sagas Glauben, so standen rund 7000 Kämpfer aufseiten der Bauern etwa der Hälfte aufseiten Olavs gegenüber.

Olav Haraldsson soll vor der Schlacht einen Traum gehabt haben, in dem er die Leiterstufen zum Himmel aufstieg. Die Vision geriet zur Realität: Der König wurde von dreien seiner Widersacher im Kampf getötet, das Bauernheer gewann. Doch nach dem Sieg schlug die Stimmung um, zunächst bei den Häuptlingen und regionalen Herrschern, dann auch bei den Bauern. Nachdem Olav auf dem Schlachtfeld begraben worden war, kamen erste Gerüchte auf, wonach er ein Heiliger sei. Nach einem Jahr wurde das Grab geöffnet: Angeblich war die Leiche unversehrt – der Heiligenkult nahm seinen Lauf. Die Gebeine Olavs wurden in die neu erbaute Steinkirche nach Trondheim gebracht, aus der später der Nidarosdom hervorging. Bereits am 3. August 1031 wurde Olav heiliggesprochen. Und nicht nur das, er wurde von der Kirche zum Rex Perpetuus Norvegiae, zum »Ewigen König Norwegens«, ernannt. Nicht ohne Hintergedanken, denn alle folgenden Könige sollten dadurch nur noch Olavs Vasallen sein, was in der Praxis bedeutet hätte, dass sie sich der Kirche hätten unterordnen müssen. Mit anderen Worten: Schon bei der Heiligsprechung ging es um Machtansprüche. Olavs sterbliche Überreste sind die wichtigsten Reliquien Norwegens. Gläubige aus dem ganzen Norden wanderten und wandern von Schweden über Stiklestad nach Trondheim. 1875 kaufte die katholische Kirche ein Stück Land nahe des Schlachtfelds und ließ eine Kapelle darauf errichten. Seit 1954 finden in Stiklestad Historienspiele statt, in denen das kämpferische Geschehen nachgestellt wird.

Das König Olav-Fresko in der Kirche von Stiklestad, die eine ganz besondere Rolle in der norwegischen Kirchengeschichte gespielt hat. Sie soll etwa 1180 als romanische Langkirche erbaut worden sein – und zwar der Sage nach an jenem Platz, an dem König Olav Haraldsson bei der Schlacht von Stiklestad am 29. Juli 1030 ums Leben kam.

Einsames Kyst-Norge
Von Trondheim bis Bodø

Der isländische Architekt Gudmundur Jonsson entwarf Norveg, das Museum für Küstenkultur, in Rørvik auf der Insel Vikna. Es wurde 2004 vom norwegischen Königspaar offiziell eröffnet. Aufgrund der kurzen Entfernung zum Hurtigrutenkai kann es während der Liegezeit in Rørvik besucht werden.

Die Insel Vikna, auf der auch Rørvik liegt, ist über eine Hängebrücke mit dem Festland verbunden. Sie ist 701 Meter lang und wurde 1981 fertig. Zuvor waren Rørvik und die anderen Inselorte nur per Schiff zu erreichen (großes Bild). Die NORDNORGE hat in Rørvik festgemacht (rechte Seite).

Von Trondheim bis Bodø

Kyst-Norge, Küsten-Norwegen, das bedeutet: zerstreut im Meer liegende Inselgemeinden, mehr als 100 Kilometer Fahrt bis in eine etwas größere Stadt, Fähren, die nur zwei- bis dreimal pro Tag verkehren. Das ist das Bild, das Südnorweger von diesem einsamen Landstrich zwischen Trondheim und Bodø haben. Nicht ganz zu Unrecht, gibt es hier doch Orte ohne Kino, ohne Kneipe und mit weiten Wegen bis zur nächsten Schule. Liegt hier der nasse Hund begraben? Der norwegische Staat hat viel unternommen, um Utkant-Norge, Norwegens äußeren Rand, wie man auch sagt, mit den Zentren zu verbinden. Straßen und Brücken wurden gebaut, um kleine Dörfer an das Verkehrsnetz anzubinden. Auch die staatlichen Zuschüsse für Hurtigruten sind ein Teil der Infrastrukturmaßnahmen, um diese abseits gelegenen Gemeinden anzubinden. Früher lagen sie an der Hauptverkehrsader, dem Wasserweg entlang der Küste. Heute aber ist die E6 weit weg und der nächste Flughafen ebenfalls.

Rørvik, wo sich abends das nord- und das südgehende Schiff treffen, war zur Jahrtausendwende noch ein Dorf auf dem absteigenden Ast. Geschäfte schlossen, das Hotel war heruntergekommen, die Leute zogen weg. Nein, eine Geisterstadt war es noch nicht, aber die Spuren des Verfalls waren seinerzeit doch deutlich zu sehen. 2004 kam der Wandel, als König Harald V. und Königin Sonja das Norwegische Zentrum für Küstenkultur am Hafen von Rørvik eröffneten, ein modernes Gebäude nach dem Entwurf eines isländischen Architekten. Seitdem liegen die Hurtigrutenschiffe ein wenig länger in Rørvik und trotz der späten Ankunft öffnet das Museum gegen 21 Uhr seine Türen für die Passagiere. Gezeigt werden die Lebens- und Arbeitsbedingungen an der nordnorwegischen Küste, dazu erfährt man Wissenswertes rund um die Themen Fischfang und Verarbeitung. Historische Fotos und Filme lassen in kurzer Zeit ein Bild entstehen, wie es hier wohl früher zugegangen ist.

Das Küstenkulturzentrum ist ein Signal an die Provinz, ein Zeichen der Wertschätzung – das ist typisch norwegisch. Einzelne nationale Institutionen werden gezielt in abgelegene Orte gegeben, um sie aufzuwerten. Und es scheint zu funktionieren: Die Touristen entdecken Rørvik, das Hotel wurde renoviert und die damals mit Brettern vernagelten Geschäfte sind wieder geöffnet. Rørvik hat sich erholt.

Ganz ähnlich verhält es sich mit dem nächsten Hafen, der Kleinstadt Brønnøysund. Hier befindet sich die Behörde Registerenheten, eine Art norwegisches Zentralregister. Die Behörde erfasst alle Konkurse, aber auch alle Jäger, alle Parteien oder alle Betreiber von Aquakulturen. Mehr als 500 Arbeitsplätze wurden auf diesem Weg geschaffen, das ist viel für einen kleinen Ort in utkant-Norge. Dass der Name des Ortes dadurch im Rest Norwegens keinen guten Klang hat – in Brønnøysund sitzt nämlich auch die Gebührenzentrale für Bußgelder – stört die Einheimischen wenig.

Die Küste ist karg, die Ortschaften sind klein. Rund 700 Kilometer sind es auf dem Landweg von Trondheim nach Bodø, das mit 37 000 Einwohnern die nächste »Großstadt« ist. Dazwischen liegen nur Kleinstädte mit weniger als 10 000 Einwohnern, dafür aber eine Vielzahl bewohnter kleiner Inseln. Das bringt Schwierigkeiten mit sich: Ärzte, die rund 500 Patienten betreuen, sie aber zum großen Teil nur per Boot oder Hubschrauber erreichen können. Die Inselwelt der Vega besteht eben nicht nur aus der Hauptinsel Vega, sondern auch aus vielen kleinen weiteren bewohnten Inseln. Herøy, die nächste Gemeinde, ist ähnlich strukturiert, Dønna und Lurøy ebenfalls. Die Kinder fahren mit dem Schiff zur Schule, bleiben teilweise die Woche über am Schulort und kehren erst am Wochenende zu den Eltern zurück. Trotz aller modernen Hilfsmittel ist das Leben hier immer noch hart. Kino? Disco? Jugendliche wachsen hier anders auf. Pflege im Alter? Eine Überweisung zum Facharzt oder gar ein Krankenhausbesuch? Das kann schon eine mehrtägige Reise bedeuten. Taxiboote sind in diesem Teil Norwegens wichtiger als Autos. Wer mehr über das Leben in der Inselwelt der Nordlandküste erfahren möchte, kann auf der südgehenden Route an einem Ausflug auf die Insel Vega teilnehmen.

Brønnøysund ist einer der kleinen Orte, der durch eine staatliche Behörde zu nationaler Bekanntheit gelangte. Hier hat die Registerbehörde ihren Sitz, die unter anderem alle Parteien, alle Jäger und alle Fischzuchtbetriebe erfasst. Auch die Bußgeldbescheide für Autofahrer werden in Brønnøysund erfasst.

Seefahrt hat in Brønnøysund immer eine Rolle gespielt. Der Name bedeutet, dass es auf der Insel (Øy) eine Frischwasserquelle gab. Brønn ist verwandt mit dem deutschen Wort Brunnen. Dass der Fischfang nicht mehr die Rolle spielt wie vor 50 Jahren, sieht man dem Speicher (linke Seite) deutlich an. Für Hurtigruten lag Brønnøysund immer auf der Route (rechts).

Die Bergkette der Sieben Schwestern entstand der Sage nach, als der Riese Hestmannen den acht Töchtern des Königs nachstellte, die unerlaubt baden gegangen waren. Sieben versteinerten bei Sandnessjøen, die älteste Tochter schaffte es weiter in den Süden bis Leka (folgende Doppelseite).

Großartige Kulisse

Als Urlauber an Bord von Hurtigrutenschiffen nimmt man zunächst einmal nur die Einsamkeit und die Naturschönheiten wahr: zum Beispiel den Berg Torghatten bei Brønnøysund, der durch sein 35 mal 20 Meter großes Loch auffällig aus dem Meer ragt. Auch wenn die Sage von einem Riesen spricht, der einen Pfeil durch den Berg geschossen haben soll, sieht die geologische Wahrheit wohl anders aus: Vermutlich haben Feuchtigkeit und Frost poröse Teile des Gesteins herausgebrochen. Wenn das Hurtigrutenschiff den Hafen nach Süden verlässt, ist das Loch besonders gut zu erkennen.

Bei Sandnessjøen wird eine Bergkette passiert, die den schönen Namen »Die sieben Schwestern« trägt. Sieben ähnlich hohe Berge liegen in gleichmäßigem Abstand auf der Insel Alsten. Zwischen 910 und 1072 Meter sind die »Schwestern« hoch; im Frühjahr, wenn sie noch Schneemützchen tragen, sehen sie besonders adrett aus.

Vor Nesna ist die Inselwelt besonders spektakulär. Wenn die Bucht Sjona gequert wird, sind draußen im Meer die Inseln Lovund und Træna zu erkennen, beides winzige Eilande mit hohen Bergen. Lovund misst ganze 4,9 Quadratkilometer, ist aber bis zu 625 Meter hoch! 390 Menschen leben hier. Noch weiter draußen im Meer ist Træna zu sehen, Norwegens zweitkleinste Gemeinde. Sie besteht aus mehreren Inseln. Der höchste Punkt ist mit 338 Metern ebenfalls ein markanter Berg. Die rund 500 Einwohner verteilen sich auf vier bewohnte Inseln, die Mehrzahl lebt auf Husøya – wieder so ein sprechender norwegischer Ortsname: Husøya bedeutet Hausinsel. Die Gemeinde verfügt über zwei Schulen, eine auf der Hauptinsel für etwa 50 Schüler und eine auf Selvær für zehn Schüler. 2002 bekam die Gemeinde eine neue Mehrzweckhalle für Sport und Veranstaltungen, worauf die Inselbewohner sehr stolz sind. Sieht man die beiden markanten Inseln vom Hurtigrutenschiff aus, kann man sich kaum vorstellen, dass diese bergigen Eilande bewohnt sind.

Der Sage nach schoss der Riese Hestmannen einen Pfeil durch den Berg Torghatten bei Brønnøysund. Das markante Loch ist auf südgehender Fahrt am besten zu sehen (linke Seite).

Die MIDNATSOL nähert sich dem Hafen von Nesna, von dort führt ihre Reise weiter nach Süden zum Hafen Sandnessjøen (oben). Die NORDNORGE hat am Kai von Sandnessjøen festgemacht. Es ist April, die Tage sind bereits lang, doch es liegt noch viel Schnee in den Bergen (unten).

Ein einsames Haus auf einer Insel vor Ørnes. Statt einer Garage hat man hier ein Bootshaus (großes Bild). Beim Ausflug zum Gletscher Svartisen werden norwegische Leckereien serviert: Lefser sind mit einer Karamellmasse bestrichene süße Pfannkuchen (kleines Bild).

Viele Passagen der Reise mit Hurtigruten verlaufen geschützt hinter Inseln. Das offene Meer wird nur selten befahren. Dadurch sehen die Gäste an Bord mehr von Norwegen als auf einer Kreuzfahrt. Die norwegische Postflagge weht am Heck aller Hurtigruten-Schiffe.

Landgang
Gletscher und Seeadler

Zwei der größten Gletscher Norwegens liegen zwischen Nesna und Ørnes im Inland: Der Svartisen teilt sich in einen westlichen und einen östlichen Teil, die auf 221 und 148 Quadratkilometer Fläche kommen. Der Engabreen, ein Arm des westlichen Svartisen, reicht als einziger Gletscher Norwegens fast bis ans Meer. Nahe dem kleinen Holandsfjord speist der Gletscher mit seinem Schmelzwasser einen See.
Ein Ausflugsschiff geht längsseits des Hurtigrutenschiffs, um interessierte Gäste abzuholen. Die Fahrt führt bis ans Ende des Holandsfjords, es folgt ein Spaziergang von etwa zwei Kilometern bis zu einem Ausflugslokal an besagtem Gletschersee. Bei Kaffee mit Lefser, einer Art gerolltem Pfannkuchen mit süßem Aufstrich aus Butter, Zucker und Zimt, schaut man dann auf den Gletscherarm – sofern die Sicht es zulässt. Die Rückfahrt erfolgt nach Bodø, wo das Schiff während der zweistündigen Liegezeit eingeholt werden kann. Unterwegs wird, wenn das Wetter mitspielt, noch ein besonderes Highlight geboten: Die Mannschaft weiß, wo Seeadler leben. Die imposanten Greifvögel werden mit Fisch angefüttert – auf diese Weise kommt meist zumindest einer von ihnen recht nah an das Ausflugsschiff herangeflogen. Möwen haben keine Chance mehr auf den Fisch, wenn der Adler sich darauf stürzt.

Der mächtigste Mahlstrom der Welt

1861 bereiste der französische Schriftseller Jules Verne zuerst Schweden und anschließend Norwegen. Er war in Christiania, dem heutigen Oslo, besuchte Rjukan in der Telemark und erreichte schließlich Bergen. Ob er auf dieser Reise wohl von den starken Gezeitenströmen Nordnorwegens hörte? Jedenfalls verwendete er den sagenumwobenen Moskenstraumen vor den Lofoten als Motiv in seinem Roman »20 000 Meilen unter dem Meer«, der 1869/70 erschien. Auf dem dramatischen Höhepunkt der Handlung steuert Kapitän Nemo das Unterseeboot in den Mahlstrom, der vor Bodø zwischen den Inseln Værøy und Moskenes fließt und für seine starke Strömung berühmt-berüchtigt ist.

Ähnlich stark, aber kleiner und besser zugänglich, ist der Saltstraumen bei Bodø. Bedingt durch den Gezeitenwechsel zwängt sich hier das Wasser durch eine enge Passage in eine weite Bucht im Hinterland. In dem schmalen Durchlass von 150 Meter Breite und etwa drei Kilometer Länge entsteht eine extrem starke Strömung mit mächtigen Wirbeln. Mit einer Geschwindigkeit von bis zu 22 Knoten, also etwa 40 Stundenkilometern, fließt das Wasser dort hindurch. Der Höhenunterschied zwischen dem Wasser inner- und außerhalb der Engstelle kann bis zu einem Meter betragen. Kein Wunder, dass am Ufer alle 50 Meter ein Rettungsring bereitgestellt wird. Einen guten Blick hat man von der Brücke oberhalb. Während der zweieinhalbstündigen Liegezeit des Hurtigrutenschiffs in Bodø wird ein Ausflug zum Saltstraumen angeboten. Früher handelte es sich um eine klassische Bustour, seit einiger Zeit wird der Ausflug aber nur noch mit schnellen Schlauchbooten angeboten, sodass direkt auf dem Gezeitenstrom gefahren wird.

Bodø selbst ist keine Schönheit. Die Stadt wurde im Zweiten Weltkrieg bei heftigen Bombenangriffen stark zerstört. Die Regionalhauptstadt der Provinz Nordland verfügt über eine Universität und ist Sitz der norwegischen Polizeihochschule. Der Flughafen fungiert als wichtiges Drehkreuz für Nordnorwegen; während des Kalten Krieges war Bodø sogar Sitz eines NATO-Hauptquartiers. Bis weit in die 1990er-Jahre gab es am Flughafen ein striktes Fotografierverbot mit teils peniblen Kontrollen. Kein Wunder, war doch Bodø 1960 für die Landung des US-Spionageflugzeugs »U-2« vorgesehen, das dann aber über der Sowjetunion abgeschossen wurde. Der sowjetische Regierungschef Nikita Chruschtschow soll seinerzeit sogar mit dem Abwurf einer Atombombe auf Bodø gedroht haben. Dies ist Norwegen aber zum Glück erspart geblieben.

Der Svartisen ist der einzige Gletscher Norwegens, der fast bis ans Meer reicht. Auf einem Landausflug kommt man der kalten Pracht recht nah (linke Seite).
Das warme Licht des Nordens spendet einen goldenen Schein auch dem sehr nüchternen Bodø, das hier von der Nordnorge angelaufen wird (rechts).

Inselwelt im Nordmeer
Traumhafte Lofoten

Wenn das Nordlicht den Himmel zum Glühen bringt, soll man ihm nicht winken, sonst holt es einen, haben die Eltern in Nordnorwegen früher ihren Kindern beigebracht. Heute wird das faszinierende Naturschauspiel ohne Aberglauben betrachtet. Im Winterhalbjahr ist das Nordlicht am besten zu sehen.

Vier Stunden dauert die Fahrt über den Vestfjord von Bodø bis nach Stamsund auf den Lofoten. Wie eine Felswand steht die Inselgruppe im Meer, steile Berge mit spitzen Gipfeln ragen aus dem Atlantik auf. Unvorstellbar, dass am Fuße der Felswände Ortschaften liegen sollen. Selbst aus der Nähe ist wenig zu erkennen, denn die kleinen Häfen liegen geschützt hinter Inselchen in Buchten. Stamsund ist vom Wasser aus kaum zu erkennen, selbst der Hauptort Svolvær liegt gut versteckt. Die Berge erreichen Höhen von bis zu rund 1000 Metern und wirken besonders gewaltig, weil sie so direkt und steil aus dem Meer aufsteigen.

Es mag zunächst unwirklich klingen, aber die Berge bieten eben auch Schutz vor dem Nordatlantik. Die meisten Orte liegen auf der dem offenen Meer abgewandten Seite der Inseln. Ihre vergleichsweise dichte Besiedelung verdanken die Lofoten ebenso wie die benachbarte Inselgruppe der Vesterålen dem Fischreichtum der Gewässer rundum. Seit dem 9. Jahrhundert ist die Lofotfischerei belegt, wahrscheinlich gibt es sie aber schon wesentlich länger. Die größte Saisonfischerei Europas findet zwischen Dezember und März statt, wenn der Dorsch dank des warmen Golfstroms in großen Schwärmen zu den Lofoten kommt. Früher kamen Fischer aus ganz Norwegen in ihren kleinen Booten auf die Lofoten, Tausende von Booten trotzten den Widrigkeiten des Meeres im Winter, um den begehrten Fisch zu fangen. Heute sind es deutlich weniger: Ihre Zahl hat sich mit den Dorschbeständen reduziert. Fingen im Rekordjahr 1951 noch 21 981 Fischer in den drei Wintermonaten knapp 116 000 Tonnen Fisch, sind es heute nur noch rund 2000, die mit ihren Netzen ausfahren. In einem guten Jahr werden höchstens 20 000 Tonnen Dorsch gefangen – von den Rekordzahlen der 1950er-Jahre kann man auf den Lofoten nur noch träumen.

74 Inselwelt im Nordmeer

Die POLARLYS nähert sich dem Hafen von Svolvær auf den Lofoten. Von der Seeseite aus ist Svolvær erst spät zu erkennen, da die Schären mit ihren Granitkuppen die Sicht auf den Ort verdecken. Geschützte Häfen waren für die Fischer wichtig, um ihr Hab und Gut vor den Unbilden des Nordmeers zu schützen.

Inselwelt im Nordmeer

Henningsvær ist eines der kleinen Fischerdörfer auf den Lofoten, in dem sich Künstler und Abenteurer niedergelassen haben. Hier gibt es ein Galerie, eine Keramikwerkstatt sowie eine Kletterschule.

Die 1964 gebaute Lofoten dreht im Hafen von Svolvær und macht sich auf die abendliche Fahrt durch den Raftsund nach Norden (oben).
Auch auf den Lofoten gibt es weiße Sandstrände (unten).

Der Hafen von Stamsund steht noch ganz im Zeichen der Fischerei. Einige der Rorbu genannten Fischerhütten stehen im Sommer für Touristen zur Verfügung. So wohnt man als Urlauber landestypisch direkt am Wasser.

Inselwelt im Nordmeer

Bei niedrigem Sonnenstand wird das Licht des Nordens rötlich.
Dann sieht es aus, als würden die Gipfel der Lofoten glühen.

Farbenrausch: Die Mitternachtssonne lässt die Bergkette bei Flakstad rotgolden erstrahlen (linke Seite)

Der Dorsch hängt etwa drei Monate an Trockengestellen, bis Wind und Sonne ihm die Flüssigkeit entzogen haben und er ganz hart ist. Traditionell wird der Tørrfisk in katholische Länder wie Italien, Spanien und Portugal sowie nach Afrika exportiert (oben).

Auf der winzigen Lofoten-Insel Moskenes findet man noch die traditionelle Bauform der Rorbu, bei der die Häuser auf Stelzen direkt am Wasser erbaut sind – das ist zwar romantisch, aber im Winter kommt es immer wieder vor, dass Wellen die Häuser beschädigen (unten).

Ihren Charakter hat die Lofotfischerei aber behalten: Weiterhin sind kleine Fischkutter im Einsatz. Einen industriellen Fischfang hat es hier nie gegeben, auf die Verwendung riesiger Trawler wurde konsequent verzichtet. Meist sind es Fischkutter von einer Größe, wie sie auch an der deutschen Nord- und Ostseeküste im Einsatz sind. Der Job an Bord ist hart, zwischen drei und fünf Leute arbeiten im Team, manchmal Tag und Nacht, bis die Netze voll sind. In den kleinen Dörfern auf den Inseln Moskenesøya, Flakstadøya, Vestvågøy und Austvågøy liegen die Kutter dicht an dicht und bringen ihre feuchte Fracht an Land. Dann beginnt das Aufhängen der Fische.

Vor 1000 Jahren schliefen die meisten Fischer unter ihren umgedrehten Booten an Land. König Øystein soll um 1120 angeordnet haben, dass für die Fischer sogenannte Rorbu gebaut werden sollten. Vermutlich leitet sich das Wort von »ror« für Ruderer und »bo« für Wohnen her ab und bedeutet somit so viel wie »Unterkünfte für die Ruderer«. Rorbu heißen jedenfalls die für die Lofoten so typischen Hütten, die auf Stelzen direkt am Wasser gebaut wurden. Was ursprünglich im Frühjahr als saisonale Unterkünfte für die Fischer gedacht war, wurde allerdings längst von Urlaubern erobert: Da die Rorbu im Sommer wenig genutzt wurden, lag eine Vermietung an Touristen nahe. Inzwischen handelt es sich oft um komfortable, traumhaft am Wasser gelegene Ferienhäuser, die in der Fischfangsaison auch von Fischern genutzt werden können. Die funktionale Gewichtung hat sich also deutlich verschoben. Der Begriff Rorbu, ursprünglich auf die Fischerhütten auf den Lofoten und in Nordnorwegen beschränkt, wird mittlerweile übrigens in ganz Norwegen für viele am Wasser gelegene Ferienhäuser benutzt.

Auch wenn der Tourismus auf den Lofoten zu einem wichtigen Wirtschaftsfaktor geworden ist, leben die Inselbewohner doch nach wie vor hauptsächlich vom Fischfang. Der Dorsch wird traditionell getrocknet. Paarweise werden die Fischleiber über große hölzerne Gestelle gehängt und rund drei Monate dem Seewind ausgesetzt. Bis in den Juni hinein hängt eine »Duftglocke« über den Lofoten, aber zum Glück ist es selten windstill. Durch den Entzug der Feuchtigkeit wird der Stockfisch sehr hart. Sich ein Stück mit den Fingern herauszubrechen, ist kaum möglich. »Nordnorwegischer Kaugummi« nennen die Südnorweger den von ihnen wenig geliebten Stockfisch abschätzig. Aber

es gibt andere, die den getrockneten Dorsch als Delikatesse geradezu verehren. In katholischen Ländern spielt der Fisch in der Fastenzeit eine große Rolle. Wenn die italienischen Aufkäufer auf die Lofoten kommen, werden die roten Teppiche ausgerollt! Wer auf den Lofoten mit »Stoccafisso« handelt, muss Italienisch lernen, das ist Pflichtfach für einen Fischverkäufer.

Nach Italien werden die besten Qualitäten verkauft, selbst die Bezeichnungen sind traditionell italienisch: »Ragno«, »Westre Magro« und »Grand Premier« heißen die besten Qualitäten für den norditalienischen Markt. »Hollandese« (Holländer) und »Bremese« (Bremer) gehen vornehmlich nach Süditalien. Weitere wichtige Absatzmärkte sind die USA, Portugal und einige afrikanische Länder wie Nigeria. Stockfisch hat einen hohen Nährwert, ein Kilogramm des getrockneten Dorsches entspricht etwa fünf Kilogramm Lebendfisch.

Zubereitet wird er auf sehr unterschiedliche Art, doch eines ist klar: Zuerst muss der steife Dorsch gewässert werden, damit man ihn überhaupt mit Messern zerteilen kann. Wer in Mailand ein Fischrestaurant aufsucht, findet bestimmt Bacalau, wie der Stockfisch auch heißt, auf der Karte. Auf den Lofoten hingegen sucht man ihn auf den Speisekarten meist vergeblich. Die Einheimischen essen den Dorsch lieber frisch, und zwar gekocht. Mit Salzkartoffeln und Rogen – pur sozusagen.

Die Lofoten hat den Hafen von Stokmarknes auf den Vesterålen verlassen und nimmt nun südgehend Kurs auf den Raftsund und weiter nach Svolvær auf den Lofoten (linke Seite). Die Fähre zwischen Fiskebøl und Melbu verbindet die Lofoten mit den Vesterålen (oben).

Harstad ist mit 20 000 Einwohnern die drittgrößte Stadt Nordnorwegens.

Inselwelt im Nordmeer

Die Kong Harald fährt in den rund zwanzig Kilometer langen Raftsund ein. Im Sommer oder wenn viele Touristen an Bord sind, macht das Schiff meist noch einen Abstecher in den kleinen, engen Trollfjord.

Die Heimat von Hurtigruten

Die Fahrt des Hurtigrutenschiffs führt durch den engen, rund 20 Kilometer langen Raftsund. Nordgehend erfolgt die Passage gegen Mitternacht, auf dem Rückweg nach Süden ist man hier am Nachmittag unterwegs. In der Sommersaison wird nach Möglichkeit noch ein Abstecher in den kleinen Trollfjord gemacht. Auch wenn dieser Fjord nicht mit den großen Geschwistern in Westnorwegen vergleichbar ist, so hat er doch seinen besonderen Reiz: Das Schiff passt nur knapp zwischen den steilen Wänden hindurch, auch das Wendemanöver am Fjordende in einem Talkessel ist sehenswert. Unter dem seligen Kapitän Richard With hätte es solche Sperenzchen nicht gegeben, sie sind der Eroberung durch die Touristen geschuldet.

Bevor die Risøyrinne vor Risøyhamn endlich ausgebaggert war, fuhren die Hurtigrutenschiffe bis 1922 weiter landeinwärts von Svolvær durch den Tjeldsund nach Harstad. Zwischen 1936 und 1953 wurde auch Narvik angelaufen. Dort endet die Erzbahn, die aus Schwedisch-Lappland über die Berge führt. Narvik, dank des Golfstroms ganzjährig eisfrei, ist der Verladehafen für das nordschwedische Erz, während die Ostsee im Norden zufriert, sodass ein geordneter Abtransport nicht gewährleistet ist. Narvik ist einer der beiden Sitze von Hurtigruten, das zweite Hauptbüro befindet sich in Tromsø. Die Konstellation rührt aus der Zeit, als die letzten beiden verbliebenen Reederein OVDS und TFDS ihren Sitz in Narvik und Tromsø hatten. Nach der Fusion 2006 wurden die Firmenstandorte beibehalten – nicht aus ökonomischen, sondern aus regionalpolitischen Gründen.

Die Heimat von Hurtigruten liegt auf den Vesterålen, jener Inselgruppe, die mit den Lofoten fast eine Einheit bildet. So ist es nur folgerichtig, dass in Stokmarknes, wo alles seinen Ausgang nahm, das »Haus der Hurtigruten« entstand. Es beherbergt neben einem Hotel auch das Hurtigrutenmuseum, das aber nicht von der Reederei betrieben wird und unter chronischem Geldmangel leidet. Es ist schon von Weitem zu erkennen, liegt hier doch die FINNMARKEN an Land, die 1956 als Schwesterschiff der NORDSTJERNEN bei Blohm & Voss in Hamburg gebaut wurde. Ein historisches Schiff, das auf dem Trockenen liegt und nicht täglich von der Besatzung gepflegt wird, ist schwer zu erhalten. Trotzdem vermittelt das Museumsschiff einen guten Eindruck von Hurtigruten in der zweiten Hälfte des 20. Jahrhunderts.

Mit Stopps in Sortland und Risøyhamn, dem Wohnort des Gründers Richard With, führt die Reise nun weiter gen Norden nach Harstad. Das einzige Schiff der Hurtigruten, das in Nordnorwegen gebaut wurde, ist übrigens die VESTERÅLEN von 1983, die in Harstad vom Stapel lief. Von der Insel Andøya sehen die Gäste an Bord der Schiffe nur den südlichen Zipfel.

Die LOFOTEN fährt durch die Risøyrinne nach Sortland. Die Passage zwischen den Inseln bei Risøyhamn wurde 1922 vertieft, seitdem können die Hurtigrutenschiffe problemlos von Harstad über Risøyhamn nach Sortland fahren. Richtung Süden erfolgt die Passage tagsüber.

Den Walen so nah

»Er bläst! Er bläst!« Nein, es wird keine Harpune in Anschlag gebracht, nur mit Kameras, Camcordern und Ferngläsern zielen die Gäste an Bord der REINE auf den Wal, der an Steuerbord auftaucht. Der graue Körper hebt sich kaum vom Wasser ab, zu erkennen ist das mächtige Tier vielmehr am charakteristischen Blas, der nach dem Auftauchen wie eine Fontäne ausgestoßenen Atemluft. Holt der Wal Luft, wird sie für die nächste halbe Stunde unter Wasser reichen. Erst im Abtauchen zeigt er seine Fluke, wie die Biologen die Heckflosse des Säugers nennen. Sie ist in markanter Weise gezackt, daran können die Fachleute jeden Wal identifizieren.

Andenes liegt am äußersten nordwestlichen Ende der Insel Andøya, die zu den Vesterålen zählt. Risøyhamn, wo einst Richard With als Kaufmann wirkte, bevor er Mitbegründer der Hurtigruten wurde, befindet sich am entgegengesetzten Ende von Andøya im Südosten. Dazwischen liegen rund 100 Kilometer Heidelandschaft, Moore und ein hoher Bergzug: Andøya ist eine große Insel. Andenes verdankt seine Entstehung der Nähe zu den guten Fischgründen im Atlantik rund um die Lofoten und Vesterålen. Doch nicht nur die Fischerei spielte hier immer eine wichtige Rolle, sondern auch der Küstenwalfang.

Von Andenes fährt man nur etwa eine Stunde mit dem Schiff bis zum unterseeischen Rand des Festlandsockels, wo die tiefe See beginnt. Nirgendwo in Europa tauchen die Blau- und Zwergwale derart nah an der Küste auf wie hier. Manchmal sind auch die selteneren Finn- und Pottwale zu sehen. Da bot es sich an, von hier aus Schiffstouren mit interessierten Touristen durchzuführen. Seit 1988 gibt es die Walsafaris vor Andenes, rund 200 000 Besucher haben seitdem Wale mit der Kamera gejagt.

Am Anfang stand das Walfang-Moratorium, als der norwegische Staat nur eine kleine Fangquote zu wissenschaftlichen Zwecken erlaubte. Die nordnorwegischen Walfänger protestierten, sie sahen ihre Lebensgrundlage gefährdet – und fühlten sich im Recht. Immer betonten sie den Unterschied zwischen dem Raubbau betreibenden industriellen Walfang und dem Küstenwalfang mit kleinen Schiffen, wie er vor den Lofoten und Vesterålen üblich war. Das Wissen der Walfänger machten sich die Organisatoren der Walsafari zunutze. 1988 gab es erste Testfahrten, zunächst mit einem ausrangierten Walfangschiff, das vorn noch seine Harpune trug. 1989 startete man einen regulären Betrieb während der Sommermonate mit ein paar hundert Gästen. Meist sind es mehr als zehn Wale, die sie zu Gesicht bekommen, drei bis vier lassen sich dabei ganz aus der Nähe mit emporgereckter Fluke betrachten. Das gesamte Arrangement dauert etwa fünf bis sechs Stunden. Dazu gehört zur Einstimmung eine sachkundige Führung von Biologen durch das Walzentrum an Land. Wer will, erhält kostenlos Tabletten gegen Seekrankheit. Man sollte sie nehmen, denn das Schiff schmiegt sich in die Wellen des Nordatlantiks. Soll heißen: Es rollt sanft durch die Dünung. Was von Land aus harmlos aussieht, fühlt sich an Bord eben doch anders an.

Auch wenn der Walfang inzwischen in kleinem Maßstab in Norwegen wieder erlaubt ist, in Andenes ist die Walsafari wirtschaftlich viel wichtiger geworden. 15 000 Besucher aus aller Welt in den Monaten Juni bis August, das ist viel für ein 800-Seelen-Dorf. Andenes hat sich durch die Walsafari verändert: Restaurants sind entstanden, das örtliche Hotel floriert, Pensionen, Privatzimmer und Ferienhäuser am Wasser werden angeboten. Aber auf der Speisekarte steht selbstverständlich Walfleisch, sogar eine Walpizza gibt es. Für die meisten Urlauber ist dies kein Gegensatz: Probieren wollen sie es auf jeden Fall. Ein Walsteak ähnelt in Farbe und Konsistenz Rindfleisch und schmeckt ganz leicht nach Leber. Serviert wird es mit einer dunklen Pfeffersauce und frischen Salzkartoffeln.

Andenes auf der Insel Andøya in den Vesterålen war eines der größten Fischerdörfer Nordnorwegens. Weil es nicht weit ist bis zum unterseeischen Festlandssockel, gibt es vor Andenes viele Wale. Vor allem Zwergwale tauchen hier häufig auf (linke Seite).
Die Høyvika Bucht in der Nähe von Stave auf Andøya. Während die Ostseite der Insel flach und moorig ist, präsentiert sich die Westseite zum Atlantik steil und schroff (unten).

Nordnorwegen ist anders
Das nördlichste Bier der Welt

Vom Berg Storsteinen gegenüber von Tromsø befindet sich ein beliebtes Wandergebiet. Dort hat man einen prächtige Aussicht über Stadt, Berge und Schiffe.

Das nördlichste Bier der Welt

Die nördlichste Universität der Welt, die nördlichste Brauerei der Welt und damit auch das nördlichste Bier der Welt – in Tromsø ist fast alles das Nördlichste der Welt. Eine »Großstadt« nördlich des Polarkreises, das ist weltweit selten. Obwohl Siedlungen seit der Steinzeit archäologisch nachweisbar sind, beginnt die eigentliche Geschichte Tromsøs erst recht spät. 1794 erhielt die Ortschaft mit damals nur 80 Einwohnern Stadtprivilegien, etwa zeitgleich mit Vardø und Hammerfest. Damit wollte König Christian VII. von Dänemark-Norwegen die Gebietsansprüche im hohen Norden zementieren – gegen die Wünsche Schwedens und Russlands. Die Stadt wuchs langsam, obwohl 1789 das Handelsmonopol Bergens aufgehoben worden war. In den Napoleonischen Kriegen wurde Tromsø 1812 von englischen Truppen angegriffen. Statt der norwegischen Selbstständigkeit folgte im Wiener Kongress die schwedische Herrschaft über Norwegen.

1964 zählte Tromsø rund 32 000 Einwohner, seitdem hat sich die Zahl mehr als verdoppelt, und zwar auf knapp 70 000 Menschen. Viele Faktoren haben dazu beigetragen, darunter der Zusammenschluss mit Nachbargemeinden im Jahre 1964. Von besonderer Bedeutung war die Gründung der Universität, die 1972 ihren Betrieb aufnahm und heute knapp 8000 Studierende zählt. Hier werden Lehrer ausgebildet, aber auch Mediziner und Juristen. Die 1994 gegründete Fischereihochschule wurde 2009 Teil der Universität. Internationale Reputation erlangte sie durch ihre Forschung auf den Gebieten der Fischerei, des Nordlichts und der Polarforschung – den Kernthemen Nordnorwegens.

Zwischen der Insel Kvaløya und einer Landzunge des Festlands hindurch führt die Reise mit Hurtigruten nach Tromsø hinein (linke Seite). Tromsø ist weltweit eine der wenigen größeren Städte nördlich des Polarkreises. Auf dem Markt wurden den Fischern ein Denkmal gesetzt (Mitte).
Die schöne Lyngen-Halbinsel passieren die Hurtigrutenschiffe leider nur auf der Außenseite abends (unten).

Das Polaria Museum in Tromsø wurde 1998 eröffnet. Die Architektur soll an ineinander geschobene Eisblöcke erinnern. Die Initiative ging vom norwegischen Umweltministerium aus, denn Polaria soll die arktische Tier- und Pflanzenwelt zeigen und erklären.
Tromsdalens Kirke heißt sie offiziell, im Volksmund wird sie nur »Eismeerkathedrale« genannt. Der Bau aus weißen Betonplatten wurde 1965 eröffnet und ist das Wahrzeichen der Stadt Tromsø.

Nordnorwegen ist anders

Der Balsfjord schiebt sich bei Tromsø rund 70 Kilometer weit in das Land hinein. An seinen Ufern wird noch Landwirtschaft betrieben – ungewöhnlich so weit nördlich des Polarkreises.

Nordnorwegen ist anders

Die Polarforschung hat eine lange Tradition in Tromsø. Zusammen mit Hammerfest diente die Stadt Polarforschern wie Fridtjof Nansen und Roald Amundsen regelmäßig als Ausgangs- und Zielhafen für ihre Expeditionen. Mit jeder Heimkehr der beiden berühmten Wissenschaftler geriet Tromsø mehr und mehr in den Fokus internationaler Medien. Die aufstrebende Nation lechzte nach Helden, nach nationalen Symbolen, aber auch nach Selbstständigkeit und internationaler Anerkennung Da kamen ihr die spektakulären Forschungsreisen Nansens und Amundsens gerade recht.

Das Polarschiff FRAM gab Fridtjof Nansen bei dem legendären Schiffbauer Colin Archer in Auftrag, später übernahm Roald Amundsen die FRAM. Heute liegt das Schiff in Oslo im Museum (linke Seite).
Das Polarmuseum in Tromsø ist zwar ein wenig angestaubt, zeigt aber anschaulich, unter welchen Bedingungen die Polarexpeditionen von Amundsen abliefen (unten).

Der Nordpol war ihr Ziel

1893 startete Fridtjof Nansen (1861–1930) mit der Fram-Expedition seine wohl bekannteste Forschungsreise. Sein Ziel war eine Fahrt durchs Nordpolarmeer, bei der er sein Schiff Fram (auf Deutsch »vorwärts«) absichtlich vom Packeis einschließen lassen wollte, um sich mithilfe der natürlichen Strömung durch die Eisdrift in die Nähe des Nordpols treiben zu lassen. Zwar gelang der Plan vom Eiseinschluss, doch die Fahrt verlief anders, da weder Driftströmung noch -geschwindigkeit Nansens Berechnungen entsprachen. Seine Theorie der transpolaren Driftströmung bestätigte sich auf der bis 1896 dauernden Forschungsreise somit nicht. Trotzdem wurde er bei seiner Heimkehr als Held gefeiert. Später ging er in die Politik, wurde Diplomat und der erste norwegische Botschafter in England. Im Konflikt um die einseitige Unionsauflösung mit Schweden versuchte er zu vermitteln – auch kraft seiner Popularität als Forschungsreisender. 1922 erhielt er den Friedensnobelpreis, nachdem er sich als Hochkommissar des Völkerbundes, dem Vorläufer der UNO, für die heimatlosen Flüchtlinge des Ersten Weltkriegs eingesetzt hatte. Es ist erstaunlich, dass dieser wichtige Aspekt in seiner Biografie nirgendwo in Norwegen eine angemessene Würdigung erfährt, es gibt kein Nansen-Museum. Nansen wird weiterhin nur als Polarforscher verehrt.

Die Fram dürfte eines der stabilsten Schiffe sein, die jemals aus Holz gefertigt wurden. Zumindest gibt es weltweit kein anderes Holzschiff, das jemals so weit nördlich und so weit südlich auf unserem Globus unterwegs war. Nansen hatte den Dreimastschoner nach eigenen Plänen von dem Schiffskonstrukteur Colin Archer speziell für seine Polarexpedition erbauen lassen. Später überließ er das Schiff Otto Sverdrup (1854–1930), der damit zwischen 1898 und 1902 die Regionen nordwestlich von Grönland erforschte und dabei mehr als 200 000 Quadratkilometer Fläche erstmals kartografierte – eine großartige Leistung. Sverdrup hatte bereits gemeinsam mit Nansen Grönland auf Skiern durchquert und war während der Expedition mit der Fram Kapitän des Schiffs. Auch wenn Sverdrup in Norwegen zu den großen Drei der Polarforschung gerechnet wird, erlangte er über die Landesgrenzen hinaus doch weit weniger Berühmtheit als seine Zeitgenossen Nansen und Amundsen.

Roald Amundsen (1872–1928) übernahm die Fram ab 1910 für seine Expedition zum Südpol, den er am 15. Dezember 1911 als erster Mensch erreichte. Sein britischer Konkurrent Robert Falcon Scott bezahlte den Wettlauf mit dem Leben.

Neben Roald Amundsen (oben links) gehört auch Otto Sverdrup (oben rechts) zu den Großen der Polarforschung. Amundsen und seinem Freund Umberto Nobile ist die Plakette am Luftschiffmast von Vadsø gewidmet (links).

Mack ist die nördlichste Brauerei der Welt und genießt deswegen Kultstatus unter Norwegen-Urlaubern. Egal wie hoch die norwegischen Bierpreise auch sein mögen, ein Glas Polar-Øl gehört dazu wie der Champagner zum Nordkap.

Während die FRAM heute in Oslo in sehr gutem Zustand im Museum auf der Halbinsel Bygdøy liegt, erinnert in Tromsø das in einem historischen Gebäude am Hafen untergebrachte Polarmuseum an die spektakuläre Zeit der Polarforschung. Etwas angestaubt und museumspädagogisch nicht ganz mehr auf der Höhe der Zeit, präsentiert es ausgestopfte Eisbären und Robben neben der Skiausrüstung der Forscher. Trotz einer gewissen Überfrachtung mit Exponaten gelingt es dem gemütlich daherkommenden Museum, die Unbilden der Polarforscher lebendig werden zu lassen.

Fast schon skurril mutet der rote Luftschiffmast an, der in Vadsø ganz im Osten Nordnorwegens einsam auf einer Wiese steht. Hier machte 1926 der Zeppelin NORGE des italienischen Forschers Umberto Nobile fest, als dieser gemeinsam mit Amundsen auf eine Nordpolexpedition ging. Während der Reise kam es zu einem Zwischenfall: Amundsen, der auf seinen Expeditionen immer die absolute Führung für sich beanspruchte und weder Fragen noch Widerspruch duldete, überwarf sich mit Nobile. Doch als dieser 1928 auf einer neuerlichen Expedition mit seinem Luftschiff ITALIA havarierte, beteiligte sich Amundsen an Bord eines französischen Wasserflugzeugs an der internationalen Suche. Nobile konnte gerettet werden, Amundsen hingegen stürzte ab, der Leichnam des vielleicht berühmtesten Norwegers wurde nie gefunden. Besagter Luftschiffmast aber steht noch heute – wenngleich nur zwei Gedenkplatten den Besucher darüber aufklären, was es mit diesem Metallturm eigentlich auf sich hat.

Lebenslustiger Norden

Es gab eine Zeit im 19. Jahrhundert, da war Paris das Maß aller Dinge. So wie jede nette Hügellandschaft den Beinamen »Schweiz« bekam, so wurde jede ansehnliche Stadt das »Paris« ihrer Region. Zunächst erhielt Stockholm diese Auszeichnung, später verlieh man auch Tromsø den begehrten Beinamen. So schrieb der norwegische Dichter und Literaturnobelpreisträger Bjørnstjerne Bjørnson (1832–1910) an seine Frau: »Hier gibt es nur Champagner und Spektakel.« Fakt ist, dass die Nordnorweger deutlich lebenslustiger sind als der teils sehr puritanische Süden mit seinen vielen Freikirchen. Die restriktive norwegische Gesetzgebung, den Alkoholausschank und Schanklizenzen betreffend, fördert diese Legendenbildung noch: So zählt es zu den inoffiziellen Sportarten Norwegens, die Restaurantplätze einer Stadt in Relation zu ihrer Einwohnerzahl zu setzen und beide Zahlen miteinander zu vergleichen. Mit etwa 20 000 Plätzen in Bars und Restaurants bei 69 000 Einwohnern liegt Tromsø in Norwegen ganz weit vorn im Ranking, was bedeutet: Ein Drittel aller Bürger der Stadt können gleichzeitig ausgehen! Und wirklich: Das Nachtleben in Tromsø ist beachtlich, was sicherlich auch daran liegt, dass ein hoher Anteil der Einwohner Studenten sind.

Eine Besonderheit dieser lebenslustigen Stadt ist die Brauerei Mack, die sich rühmt, nicht nur das weltweit nördlichste Bier zu brauen, sondern auch mit dem nördlichsten Bierkeller der Welt aufwartet. Ølhallen heißt der einzige Brauerei-Ausschank in Norwegen. Die Marke Mack-Øl ist Kult, ob es einem nun schmeckt oder nicht. Diesen Ausschank gibt es bereits seit 1928, er hat alle gesetzlichen Restriktionen überdauert. Ältere Norweger erinnern sich noch an die 1970er-Jahre, als es die »Spiseplikt« gab, die Verpflichtung, etwas zu verzehren, wenn man Alkohol trank. Da wanderte bei einer Bierbestellung das Brötchen von der Küche zum Gast und zurück – und kam beim zweiten Bier erneut auf den Tisch.

In Südnorwegen wären solche Öffnungszeiten undenkbar: Täglich außer sonntags kann man hier von 10 bis 18 Uhr Bier trinken. Tagsüber! Was früher die Kneipe der Fischer war, ist heute (auch) eine Touristenattraktion. Man hat sich in Tromsø nie sonderlich darum geschert, was in Oslo gedacht und verordnet wurde. Auch zu Zeiten des Walfangverbots, als lediglich eine kleine Fangquote erlaubt war (und die auch nur für wissenschaftliche Zwecke), stand in Tromsø in jedem Restaurant, das etwas auf sich hielt, Walfleisch auf der Karte. Inzwischen gelangt das Walfleisch wieder auf legalem Wege in die Restaurantküchen.

Sehnsucht Nordkap

Wo Europa endet

Am liebsten möchten alle Urlauber die Mitternachtssonne am Nordkap sehen. Dabei ist es schon ein Erfolg, wenn man die Sonne überhaupt sieht. Abends legt sich oft ein Wolkenstreifen über das Meer, so es trotz Mitternachtssonne eine Art Sonnenuntergang gibt.

Sehnsucht Nordkap

Der nördlichste Punkt Europas hat die Menschen anderer Länder schon immer mehr fasziniert als die Norweger selbst. Am Nordkap bilden sie die Minderheit und nur die wenigsten Norweger haben in ihrem Leben das Nordkap besucht, denn es zieht sie in den Süden. Der erste Tourist war vermutlich der italienische Priester Francesco Negri (1623–1698) aus Ravenna. Er gehörte zum Bekanntenkreis der schwedischen Königin Christina, die nach ihrer Abdankung in Rom lebte und vermutlich sein Interesse für den Norden geweckt hatte. Negri reiste 1664 durch Skandinavien, bis er das Nordkap erreichte. In acht Reisebriefen berichtete er von seinen Erlebnissen. Heute würde er wohl kaum noch etwas wiedererkennen, so sehr hat sich das Nordkap seitdem verändert. Dutzende Busse parken vor der Nordkaphalle, der Blick auf das Polarmeer ist sogar im Warmen aus einer verglasten Bar möglich, die man in den Felsen gesprengt hat.

Im Herbst ziehen die Rentiere von den Hochebenen hinab in geschütztere Lagen (links). Skjervøy liegt abseits der Verkehrsströme zum Nordkap auf einer Insel (linke Seite oben). Bei Alta finden sich Felszeichnungen, die aus den Jahren 4000 bis 1700 v. Chr. stammen. Sie wurden erst 1973 entdeckt (oben).

1999 wurde der Tunnel zur Insel Magerøya eröffnet, der wie so viele Straßenbauten in Norwegen über eine Maut finanziert werden musste. Normalerweise sind solche Finanzierungen auf etwa 20 Jahre angelegt, aber der Tunnel war bereits im Juni 2012 bezahlt und kann seitdem unentgeltlich durchfahren werden. Die Errichtung dieses Bauwerks ist vor allem durch Gelder von Touristen möglich geworden; die Einheimischen allein hätten dies nie in dieser kurzen Zeit geschafft.

In Nordnorwegen spricht man von der Nachtsonne, wenn es im Sommer nicht dunkel wird. Hier taucht die Nachtsonne Kamøyvær, ein Fischerdorf auf der Insel Magerøya, in ihr warmes Licht. Bis zum Nordkap sind es nur noch rund 30 Kilometer, die über ein windiges Hochplateau führen. Im Winter wirkt die Landschaft ganz anders (links oben).

Die Besucher des Nordkaps kommen aus aller Welt, sie reisen per Schiff, per Bus, mit dem Wohnmobil oder mit dem eigenen Auto an. Auch unter Motorradfahrern ist das Nordkap ein Traumziel. Rund 110 Anläufe von Kreuzfahrtschiffen verzeichnet der Hafen Honningsvåg jedes Jahr. Da es für sie nur einen Liegeplatz gibt und ein Terminal fehlt, kann die Zahl der Anläufe derzeit nicht weiter steigen. Nur Hurtigruten legt täglich in Honningsvåg an. Zuletzt haben die Hurtigrutenschiffe das Nordkap 1974 umrundet, seither fahren sie durch den Sund zwischen Magerøya und dem Festland. Bis 1964 lagen sie in der Bucht Hornvika nahe dem Fischerdorf Skarsvåg auf Reede. Tenderboote schafften die Gäste an Land, die dann einen steilen Anstieg auf das 308 Meter hohe Plateau in Kauf nehmen mussten.

Der Tourismus ist die wichtigste Einnahmequelle für die Einwohner der Gemeinde Nordkapp, die sich im Norwegischen mit zwei p schreibt. Der Fischfang, über Jahrhunderte die Nummer eins ihres Lebenserwerbs, spielt immer noch eine wichtige Rolle. Mit über 150 registrierten Fischerbooten und kleinen Kuttern zählt die Gemeinde zu den größten ihrer Art in Norwegen. Es gibt auf der Insel also auch andere Dinge als nur diesen Felsen, der sich mit dem Globus auf der Nase vorwitzig in den Nordatlantik schiebt und vom dem so viele Mitteleuropäer träumen. Und das, obwohl längst bekannt ist, dass der Fels Knivskjellodden weiter nördlich liegt als das Nordkap. Und wir reden hier nicht über ein paar Zentimeter, sondern über stolze 1450 Meter!

Honningsvåg ist ein schmuckloser Ort, der seine Bedeutung aus dem nahen Nordkap zieht (oben). Vardø ist seit dem 13. Jahrhundert der nordöstlichste Vorposten des seinerzeit dänisch-norwegischen Reiches (Mitte). Um statt mit Hurtigruten von Honningsvåg auf dem Landweg zum nächsten Hafen Kjøllefjord zu gelangen, muss der gewaltige Porsangerfjord umrundet werden (rechts).

Sehnsucht Nordkap

Öl, Gas und Fisch

Das romantische Bild vom hohen Norden nimmt etwas Schaden, wenn man sich Hammerfest nähert. Die dortige Öl- und Gasproduktion ist bereits von Weitem zu sehen: Auf der Hammerfest vorgelagerten Insel Melkøya wird das Gas verarbeitet, das im Bohrfeld Snøhvit weit draußen im Meer gefördert wird. Ständig werden Gase abgefackelt. Die hochmoderne Anlage vor den Toren der ehemals nördlichsten Stadt Norwegens produziert LNG, also flüssiges Naturgas. Der Bau war umstritten, wurde aber vom norwegischen Parlament, dem Storting, schließlich doch genehmigt und ist seit 2007 in Betrieb. Zwischen Hammerfest und der Insel Melkøya wurde ein unterseeischer Tunnel gebaut. Es gibt noch weitere Industrieanlagen, die aufgrund ihrer Größe im sonst so

einsamen Norden ins Auge stechen. Beeindruckend sind beispielsweise die Förderbänder am Ende der schwedisch-norwegischen Erzbahn in Narvik, mit denen das Erz aus Kiruna und Gällivare vom Zug aufs Schiff kommt. In der Regionalhauptstadt der Provinz Finnmark, Vadsø, befindet sich eine der größten Fischverarbeitungsfabriken Norwegens. Auch die Gruben von Kirkenes, selbst wenn sie im Moment nicht in Betrieb sind, zeugen davon, dass es im äußersten Norden Norwegens ebenfalls Industrie gibt, eine Tatsache, die man ob der Weite und Einsamkeit als Besucher gern verdrängt. Andererseits: Zwischen Narvik und Vadsø liegen 1000 Straßenkilometer quer durch Nordnorwegen. Und eine Handvoll Industrieanlagen auf diese Entfernung ist doch überschaubar.

Hammerfest wurde nach dem Zweiten Weltkrieg komplett neu aufgebaut (linke Seite). Die TROLLFJORD läuft in den geschützten Hafen von Berlevåg ein (rechts oben). Der Leuchtturm Kjølnes Fyr bei Berlevåg weist den Weg in die Barentssee (rechts).

So schön das Ifjordfjell im Sommer auch sein mag, im Winter ist kein Durchkommen über die Berge, der Osten Nordnorwegens ist nur per Flugzeug oder auf dem Wasserweg zu erreichen, wenn man keine großen Umwege in Kauf nehmen will (links). Bei Vadsø gibt es eine samische Kultstätte (links oben). Dem niederländischen Entdecker Willem Barents wurde in Vardø ein Denkmal gesetzt (rechts oben).

Sehnsucht Nordkap

Nordlicht gibt es auch im Sommer, wenn die Sonnenwinde in die Erdatmosphäre eindringen. Aufgrund der hellen Sommernächte sind sie allerdings kaum zu erkennen. Deshalb bringen viele Menschen das Nordlicht nur mit dem Winter in Verbindung.

Im Winter durch die Finnmark

Die großen Ströme des Nordens fließen alle zur Ostsee, in das Nordmeer münden mit Tana und Alta elva nur zwei kleinere Flüsse. Der Winter kann harsch sein nördlich des Polarkreises, die Flüsse frieren zu, die Straßen sind verschneit und mancherorts nur mit Mühe offen zu halten. Um die Hafenorte Kjøllefjord und Mehamn auf dem Landweg zu erreichen, muss ein rund 300 Meter hoher »Pass« bewältigt werden. Im Winter ist hier Kolonnefahren hinter dem Schneepflug angesagt. Es gibt Halteplätze und feste Zeiten pro Richtung – nicht nur zwischen Mehamn und Kjøllefjord. Dies ist die große Zeit von Hurtigruten: Wenn kein Flieger mehr landen kann, wenn das Autofahren zu unberechenbar wird, sind die Postschiffe der Hurtigruten die Verbindung zur Außenwelt – wie eh und je. Es sind diese Wochen des Jahres, in denen die Bedeutung der Hurtigrutenschiffe für Nordnorwegen wieder deutlich wird. Ob es an Bord gemütlich ist, wenn ein Schneesturm über das Meer peitscht, ist eine andere Frage.

Der Winter dauert lang: Erst im Mai bricht das Eis der Flüsse im Inland krachend auf und treibt dem Meer zu. Dann ist die Dunkelzeit schon eine ganze Weile vorbei, die Sonne strebt bereits dem längsten Tag zu. Im Norden hat der Winter also zwei ganz verschiedene Gesichter. Während der Dunkelzeit, wenn die Sonne den Horizont nicht überschreitet, ist es dämmerig, das spärliche Licht wird vom Schnee reflektiert und ergibt so eine ganz eigene Lichtstimmung. Im Gegensatz dazu ist es ab dem 21. März im Norden länger hell, die Sonne strahlt über die Hochebenen, in den höheren Lagen des Inlands liegt bis in den Juni hinein Schnee. Direkt an der Küste ist er den Winter hindurch ein eher seltener Gast: Dank des warmen Golfstroms sind nicht nur die Häfen eisfrei, sondern auch das Klima ist meist so mild, dass der Schnee nicht allzu lang liegen bleibt.

Wenn der Himmel brennt

Wer dem Nordlicht winkt, den holt es sich, lernten kleine Kinder früher im Norden. Heute ist der Aberglauben gewichen, die Wissenschaft hat Aurora borealis entschlüsselt, aber nicht entzaubert. Die farbigen Lichtströme am Himmel sind ein Naturschauspiel, das die Menschen immer wieder in ihren Bann zieht. Das Nordlicht ist an keine Jahreszeit gebunden, aber nur bei Dunkelheit gut zu sehen. Deshalb denken viele Menschen, es käme nur im Winter vor – ein Irrglaube.

Es gibt verschiedene Formen des Nordlichts: Oft beginnt es am Nachmittag mit schwachen Lichtbögen am Himmel, die sich nur wenig bewegen. Abends nimmt die Intensität zu, die Bewegungen verstärken sich. Die gleichmäßigen, bis zu 50 Kilometer breiten Bögen gehen in kräftige Strahlen über. In einer Nacht können mehrere Nordlicht-Ausbrüche zu sehen sein, vornehmlich in der Zeit zwischen 18 und 22 Uhr, der Zeit der sogenannten magnetischen Mitternacht.

Der Schwede Anders Celsius (1701–1744) stellte als Erster fest, dass es einen Zusammenhang zwischen dem Nordlicht, magnetischen Störungen und der Aktivität der Sonne gibt. Mit den Arbeiten des norwegischen Physikers Kristian Birkeland, die zwischen 1898 und 1913 erschienen, begann die moderne Nordlichtforschung. Ursache des Nordlichts sind die sogenannten Sonnenwinde, ein Strom von Partikeln, der von der Sonne freigesetzt wird. Diese Partikel dringen an beiden Polen in die Erdatmosphäre ein, wo die magnetische Abschirmung am schwächsten ist. Wenn die energiereichen Elektronen und Protonen in der Erdatmosphäre mit neutralen Gaspartikeln kollidieren, wird das Gas ionisiert und in einen weniger stabilen Zustand gebracht, sodass es die zugeführte Energie in Form von Licht abgibt. Die unterschiedlichen Farben des Nordlichts hängen von der zugeführten Energiemenge und von der Dichte der atmosphärischen Gase ab. Das Nordlicht wird unter anderem an der Universität Tromsø erforscht, aber auch im nordschwedischen Kiruna gibt es eine Forschungsstation.

Sehnsucht Nordkap

Landgang
Mit dem Schneemobil durch den Winter

Hurtigruten bietet einige Landausflüge im Winter an, bei denen man die Fahrt auf einem Motorschlitten testen kann. Recht kurz ist das Vergnügen zwischen Finnsnes und Tromsø im Camp Tamok, das sich im Inland befindet. Auch die Schneemobiltour in Kirkenes ist eher ein Schnupperangebot. Wie wichtig Motorschlitten für den Transport in abgelegenem Gelände geworden sind, veranschaulicht eine Fahrt zwischen Mehamn und Kjøllefjord, die sowohl auf der nord- als auch auf der südgehenden Route angeboten wird. Die beiden Fischerdörfer liegen etwa 30 Kilometer auseinander; die Tour führt über eine Hochebene, die bei klarer Sicht großartige Ausblicke auf das Nordmeer bietet. Dass sie von Mitte Dezember bis zum 10. Mai angeboten wird, sagt so einiges über den Winter in der Finnmark aus. Bester Monat ist der März, wenn die Tage schon wieder länger sind. Auf der südgehenden Route währt das Erlebnis einer Polarnachtfahrt am längsten: Hier wird der Ausflug von 1.15 bis 3.30 Uhr morgens angeboten. Die Tour auf der nordgehenden Route findet fahrplanbedingt am frühen Abend statt.

Die ersten Schneemobile tauchten in Nordeuropa in den 1950er-Jahren auf. Inzwischen handelt es sich um moderne Transportmittel, die je nach Motorisierung eine Geschwindigkeit von bis zu 150 Kilometer pro Stunde erreichen können. In Skandinavien wurde ihre Nutzung in den vergangenen Jahrzehnten zunehmend eingeschränkt. Kennzeichen wie bei Autos, festgelegte Scooterwege und Polizeikontrollen – ebenfalls per Motorschlitten – sollen helfen, die negativen Auswirkungen auf die Umwelt in Grenzen zu halten. Bisher sind die Regelungen in Schweden, Norwegen und Finnland noch nicht einheitlich.

Wem die Motorschlitten zu laut sind, wer ein stilles Naturerlebnis bevorzugt, sollte lieber eine Tour mit dem Hundeschlitten buchen. Sobald die Huskys laufen, hört das Bellen auf, knirschen nur noch die Kufen im Schnee. Hundeschlittentouren bietet Hurtigruten als Landausflug in Tromsø und Kirkenes an.

Natürlich gibt es aber auch die Möglichkeit, mit Hurtigruten bis nach Nordnorwegen zu reisen, um dort an einer mehrtägigen Tour per Motorschlitten oder Hundeschlitten teilzunehmen. Solche Angebote findet man bei kleinen Reiseveranstaltern, die sich auf Nordeuropa spezialisiert haben.

Wie eine Kreuzfahrt-Reederei bietet Hurtigruten seinen Gästen viele verschiedene Landausflüge. Dazu zählen Fahrten mit dem Hundeschlitten bei Tromsø und Kirkenes sowie Motorschlitten-Touren zwischen den Häfen Kjøllefjord und Mehamn. Etwas geruhsamer ist eine Fahrt mit dem Rentierschlitten.

Wo Norwegen endet

Fährt man an Land durch norwegisches Staatsgebiet von Narvik bis nach Kirkenes an die russische Grenze, muss man knapp 1100 Kilometer zurücklegen; durch Finnland und Schweden ist es etwas kürzer. Die Ost-West-Ausdehnung Norwegens ist gewaltig: Dort oben passt Deutschland einmal quer hinein, Kirkenes und Vardø liegen sogar noch etwas weiter östlich als Istanbul! Ein Besuch an der russischen Grenze von Kirkenes aus ist nicht mehr so spannend wie noch zu Zeiten des Kalten Krieges. Die Grenze zwischen Kirkenes und Murmansk ist offen, der kleine Grenzverkehr im äußersten Nordosten Norwegens längst Normalität.

Der sogenannte Pomorhandel zwischen Russen und Nordnorwegern hat eine lange Tradition, sie reicht bis ins 12. Jahrhundert zurück. Zwischen 1740 und 1917 erreichte dieser an der Küste stattfindende Tauschhandel seinen Höhepunkt: Korn gegen Fisch, Felle gegen Salz. Bis zu 300 Schiffe jährlich kamen zu den besten Zeiten nach Norwegen, man verständigte sich mit einem Kauderwelsch aus russischen und norwegischen Wörtern, die mit ein paar Brocken Englisch, Deutsch und Samisch versetzt waren. In Vardø informiert ein kleines Museum über die Geschichte des Pomorhandels.

Ende des 19. Jahrhunderts war es sogar durchaus üblich, dass Norweger ihre Kinder zum Studium nach Archangelsk schickten.

Kirkenes ist der nordöstliche Wendepunkt der Reise. Der Ort entstand aufgrund der Erzvorkommen, die Gruben haben das Stadtbild geprägt. Bis zur russischen Grenze sind es nur wenige Kilometer.

Seit dem 13. Jahrhundert gibt es in Vardø eine kleine Festung. Mitte des 18. Jahrhunderts erhielt sie ihr heutiges Aussehen. Ein Kommandant und vier Wehrpflichtige leisten hier ihren Dienst, der größte Teil der Festung dient aber nur noch musealen Zwecken. Auch die historischen Kanonen erschrecken heute keinen Feind mehr.

Der Tradition verpflichtet

Die Geschichte der Hurtigruten

Die Finnmarken wurde 2002 in Ulsteinvik gebaut (großes Foto). Sie gehört zur gleichen Klasse wie Midnatsol und Trollfjord.

Die FINNMARKEN von 1956 liegt an Land in Stokmarknes und dient nur noch als Museumsschiff (rechts oben). Die FINNMARKEN wurde in Hamburg bei Blohm & Voss als erstes von drei Schwesterschiffen gebaut. Sie trug die Baunummer 787.

Die Geschichte der Hurtigruten

»Vom Frühjahr 1893 oder eventuell zu einem späteren Zeitpunkt soll eine Post führende Expresslinie ihren Betrieb zwischen Trondheim und der Finnmark aufnehmen, einmal wöchentlich in jede Richtung, sodass die Route im Sommer bis Hammerfest (Nordkap) führt, im Winter jedoch nur bis Tromsø, oder alternativ bis Vadsø im Sommer und bis Hammerfest im Winter. Die Route soll einzig auf die Beförderung von Post und Passagieren sowie von eiligen Waren ausgerichtet sein, darunter frischer Fisch in einem Kühlraum. Die Dampfschiffe sollen eine Marschfahrt von 12 bis 13 Knoten erreichen. Angebote zur Übernahme der Dampfschifflinie wie beschrieben oder nach einem ähnlichen Plan können bei der Postverwaltung bis zum 31. Oktober eingereicht werden.« So lautet der Text der vom norwegischen Staat veranlassten offiziellen Ausschreibung 1892 für eine Hurtigrute – also eine Expresslinie. Ausgegangen war die Initiative von einem Mitarbeiter des norwegischen Innenministeriums, der seit 1889 zuständig war für die Küstenschifffahrt, insbesondere die Postdienste.

Dies war die Stunde von Richard With aus Risøyhamn. Der Reeder und Kapitän war wie viele andere Unternehmer auf den Lofoten und Vesterålen unzufrieden über die Verkehrsanbindung der Inselgruppe an die Handelsstädte Trondheim und Bergen. Zwar gab es seit mehreren Jahrzehnten Liniendienste in den Süden Norwegens, im Sommer sogar mehrfach wöchentlich, aber die Schiffe benötigten zu viel Zeit für die Route. Die beiden Reedereien Det Nordenfjeldske Dampskibsselskab aus Trondheim und Det Bergenske Dampskibsselskab waren die Marktführer und erhielten seit 1865 staatliche Zuschüsse für die ganzjährige Beförderung der Post von Trondheim nach Hammerfest. Aber im Laufe der Jahre war die Zahl der Häfen angestiegen, immerhin 58 waren es auf der Route von Bergen nach Hammerfest. Von richtigen Häfen konnte dabei allerdings kaum die Rede sein, denn in den wenigsten Ortschaften gab es Kaianlagen. Meist lagen die Schiffe auf Reede, die Waren wurden mit örtlichen Tendern an Land geschafft. Das kostete Zeit. Bei Nacht wurde ebenso wenig gefahren wie bei schlechtem Wetter oder Nebel – noch 1838 gab es nur vier Leuchttürme auf der Strecke.

Mit der KONG HARALD begann auf Hurtigruten 1993 ein neues Zeitalter: Sie war das erste Schiff der modernen Baureihe. Gebaut auf der Volkswerft in Stralsund kam sie gerade noch rechtzeitig zum 100. Geburtstag von Hurtigruten, der im Juli 1993 begangen wurde.

124 Der Tradition verpflichtet

Die Lofoten von 1964 ist derzeit das einzige historische Schiff, das noch auf Hurtigruten im täglichen Einsatz ist. Bei Freunden ursprünglicher maritimer Technik ist das Schiff ausgesprochen beliebt.

Der Tradition verpflichtet

Unterdessen hatte sich die Technik der Dampfschiffe wesentlich weiterentwickelt, von der Maschinenleistung her wäre eine schnellere Fahrt kein Problem gewesen. Aber das Navigieren in den anspruchsvollen Küstengewässern bei Dunkelheit war angesichts der spärlichen Hilfsmittel, die den damaligen Kapitänen zur Verfügung standen, äußerst schwierig. Genau an diesem Punkt setzte Richard With an, der nach einer Verbesserung strebte. Im November 1881 gründete der Kapitän zusammen mit dem Kaufmann William Hals, dem Bezirksarzt Jakob Georg Thode und dem Anwalt Ludvig Lumholtz die Reederei Vesteraalens Dampskibsselskab. Die meisten Kaufleute auf den Inseln zeichneten Aktien an der neuen Gesellschaft. Ab 1882 setzten With und seine Mitgesellschafter das Dampfschiff VESTERAALEN alle 14 Tage auf einer Route von der Insel Senja über die Vesterålen und die Lofoten nach Bergen ein.

An Bord zeigte sich der Lotse Anders Holte ähnlich engagiert wie Kapitän With. Er begann, den Kurs der VESTERAALEN peinlich genau aufzuzeichnen. With unterstützte ihn in diesem Vorhaben. 1883 war bereits die halbe Strecke nach Bergen minutiös erfasst: Nach wie viel Minuten muss der Kurs um wie viel Grad geändert werden? Welche vor Wind geschützten Passagen zwischen Inseln hindurch ergeben einen Zeitvorteil? Holte und With optimierten den Kurs und zeichneten ihn so auf, dass sie ihn auch nachts fahren konnten, obwohl die Seewege nicht oder kaum befeuert waren.

Schon bald war die VESTERAALEN das Schiff mit der kürzesten Fahrtzeit zwischen Bergen und den Lofoten. Das blieb auch dem »Dampfschiffbeauftragten« des Innenministeriums nicht verborgen. Er witterte die Chance für eine schnellere Verbindung, als sie Nordenfjeldske und Bergenske boten. Als ehemaliger Lehrer an Seemannsschulen und Autor eines Standardwerks über Navigation wusste er die fachlichen Qualitäten von With und Holte zu schätzen.

Die moderne MIDNATSOL von 2003 mit ihren Annehmlichkeiten ist das krasse Gegenteil der LOFOTEN: Suiten und Whirlpools locken Gäste, die auf viel Komfort Wert legen (linke Seite).

Die NORDKAPP entstand 1996 auf der Kværner Kleven Verft in Ulsteinvik, nicht weit von Ålesund entfernt. Hier biegt sie bei Stranda vom Storfjord in den Sunnylvsfjord ein, von dem der Geirangerfjord abzweigt (oben).

Die Nordlys ist eines der drei Schiffe, die auf der Volkswerft in Stralsund gebaut wurden. Sie erlangte traurige Berühmtheit, als im September 2011 ein Brand im Maschinenraum ausbrach, und das Schiff in der Folge Leck schlug. Ein halbes Jahr später war sie fachmännisch repariert und konnte den Liniendienst wieder aufnehmen. Das Foto zeigt die Nordlys beim Verlassen des Hafens von Trondheim, bevor sie im Fjord die Insel Munkholmen passieren wird (unten).

Auf besagte Ausschreibung aus dem Jahr 1892 bewarb sich nur die Reederei Vesteraalens Dampskibsselskab, die beiden großen Reedereien aus Trondheim und Bergen zeigten kein Interesse an der Expresslinie. With hingegen bot dem Innenministerium an, die Strecke von Trondheim nach Svolvaer auf den Lofoten in 34 Stunden zurückzulegen. Man könne das gesamte Jahr hindurch fahren, auch nachts. Diese Ankündigung stieß zunächst auf Skepsis, doch schließlich erhielt Withs Reederei einen Dreijahresvertrag, der mit 70 000 Kronen staatlichem Zuschuss jährlich dotiert war.
Am Sonntag den 2. Juli 1893 legte die VESTERAALEN, von der Öffentlichkeit nahezu unbemerkt, morgens um acht Uhr in Trondheim ab. Nur neun Anläufe absolvierte das Schiff, bevor es in Hammerfest am Mittwoch um 3.30 Uhr morgens festmachte. Zwei Tage hatte man bis Tromsø benötigt, Hammerfest war am vierten Tag eine halbe Stunde früher als geplant erreicht. Dort herrschte Feststimmung, die ganze Stadt war auf den Beinen, aber um 7.30 Uhr ließ With sein Schiff schon wieder in See stechen, um nach Trondheim zurückzufahren.
Diese kurzen Fahrtzeiten waren eine kleine Revolution in der norwegischen Küstenschifffahrt. Zu verdanken waren sie den präzisen nautischen Aufzeichnungen von Anders Holte, die den Nachtfahrten ihren Schrecken nahmen. Selbst im Winter, bei Nebel und Schneetreiben, wurde der Fahrplan exakt eingehalten. Hurtigruten war geboren.

Die NORDNORGE ist ein nahezu baugleiches Schwesterschiff der NORDKAPP. In Norwegen ist sie das bekannteste Hurtigruten-Schiff, seitdem der staatliche Fernsehsender NRK eine 134 Stunden lange Live-Reportage von der gesamten Reise von Bergen bis Kirkenes im Juni 2011 sendete (oben).

Ein treuer Diener auf Hurtigruten: Von 1956 bis zum Frühjahr 2012 war die Nordstjernen im Liniendienst zwischen Bergen und Kirkenes unterwegs. Mehrfach wurde sie abgelöst und kam für Kreuzfahrten vor Spitzbergen zum Einsatz. Jedes Mal kam sie als Ersatzschiff in den Liniendienst zurück. Ob sie noch einmal zurückkommen wird?

Weitere Ausschreibungen des Innenministeriums folgten, die Verträge gingen diesmal an die beiden großen Reedereien aus Trondheim und Bergen. 1898 begann eine Route erstmals in Bergen, die beiden anderen Verträge galten ab Trondheim. Eine weitere Neuerung war die damals sogenannte Finnmarks-Hurtigrute: Zweimal wöchentlich wurden Verbindungen von Hammerfest nach Vadsø angeboten. Auch diesen lukrativen Staatsvertrag konnten sich Bergenske und Nordenfjeldske sichern. So gab es zu dieser Zeit drei verschiedene Hurtigruten: von Trondheim nach Hammerfest, von Bergen nach Hammerfest und von Hammerfest nach Vadsø. Am 1. Oktober 1908 wurde erstmals die bis heute gültige Streckenführung von Bergen nach Kirkenes befahren.

Inzwischen war Richard With nicht mehr als Kapitän tätig, er saß in Oslo als Abgeordneter im Storting, dem norwegischen Parlament. Doch er griff noch zweimal in die Geschichte der Hurtigruten ein: 1912 argumentierte With erfolglos dafür, dass Hurtigruten von Bergen nach Newcastle verlängert werden sollte. Wichtiger für ihn war aber der Erfolg einer ganz alten Petition. Bereits 1875 hatte er sich dafür stark gemacht, dass die Risøyrinne zwischen Sortland und Risøyhamn ausgebaggert werden sollte. Am 23. Juni 1922 war es endlich so weit, die Fahrrinne war verbreitert und vertieft und konnte von den Hurtigrutenschiffen durchfahren werden. Der Streckenverlauf der Hurtigruten, wie er bis heute Gültigkeit hat, war fertig.

Die schnellen Liniendienste der Hurtigruten entwickelten sich zu Beginn des 20. Jahrhunderts zunehmend zur Hauptverkehrsader für den Norden. Trotz der Rückschläge, die der Erste Weltkrieg und die folgende Weltwirtschaftskrise für die Hurtigruten-Reedereien mit sich brachten, wurde die Verbindung nie völlig eingestellt. Das Kohle-Embargo der Briten im Ersten Weltkrieg, die Schiffsverluste durch den U-Boot-Krieg, die Nachkriegsrezession, die Konkurrenz durch andere norwegische Reedereien: Alle Schwierigkeiten wurden überwunden. Mit dem Sechsjahresvertrag vom 1. Juli 1936 wurden zum ersten Mal in der Geschichte der Expresslinie tägliche Abfahrten ab Bergen festgeschrieben. Dafür waren 14 Schiffe nötig, die von sechs verschiedenen Reedereien gestellt wurden. Mit ihnen konnte ein Rekordergebnis erzielt werden: Knapp 300 000 Passagiere reisten 1938 mit den Postdampfern.

Die POLARLYS weist einige technische Besonderheiten auf. Schon beim Bau 1996 hatte die Reederei Wert darauf gelegt, dass das Schiff sparsam mit dem Treibstoff umgeht. Besonderes Kennzeichen der POLARLYS sind die hohen Scheiben im Panoramasalon sowie das verglaste Treppenhaus seitlich (oben).

Die RICHARD WITH ist nach dem Kapitän und Mitbegründer von Hurtigruten benannt. With gründete mit Partnern die Vesteraalens Dampskibsselskap, die 1893 als erste Reederei einen Staatsvertrag zum Betrieb einer Hurtigrute zwischen Trondheim und Hammerfest erhielt (rechte Seite).

Im Zweiten Weltkrieg wurde die Flotte nahezu vollständig zerstört. Nur drei Schiffe aus der Vorkriegszeit waren 1945 noch einsatzbereit. Ersatzschiffe wurden gesucht und gefunden, Alter und Geschwindigkeit spielten dabei kaum eine Rolle. Es war schwer genug, überhaupt halbwegs passende Tonnage zu finden. Die Folge war eine inakzeptable Fahrtzeit für eine Expresslinie: 1937 hatten die Schiffe den Abschnitt zwischen Trondheim und Hammerfest in 65 Stunden zurückgelegt, 1947 waren es hingegen volle 83 Stunden. In dieser katastrophalen Ausgangsposition lag aber auch eine Chance: Nun konnte der Traum einer einheitlichen Flotte verwirklicht werden. Ein Neubau-Programm musste her.

Pläne dafür hatte es bereits vor dem Zweiten Weltkrieg, aber auch während der Kriegsjahre selbst gegeben. Vier Reedereien hatten 1945 den Betrieb wiederaufgenommen. Sie ließen zwischen 1949 und 1956 insgesamt zehn nahezu baugleiche Schiffe bauen, davon drei auf der Hamburger Werft Blohm & Voss.

Die Passagierzahlen kletterten auf nie für möglich gehaltene Höhen: 1956 reisten 525 387 Gäste mit den Hurtigrutenschiffen, der absolute Höchststand wurde 1962 mit knapp 570 000 Reisenden erreicht. Es herrschten goldene Zeiten für die Postdampfer zwischen Bergen und Kirkenes.

Doch nachdem die Entwicklung von Hurtigruten als Verkehrsmittel entlang der norwegischen Küste 1962 ihren Höhepunkt erreicht hatte, sank von nun an die Zahl der Gäste stetig und immer schneller. 1973 waren es erstmals weniger als 500 000 Passagiere, 1979 wurde die Zahl von 400 000 unterschritten. Drei Jahre später registrierte man nur noch 277 000 Passagiere. Der norwegische Staat investierte in den Straßenbau, Brücken wurden gebaut. Lokale Autofähren schlossen die Lücken im Straßennetz über die Fjorde hinweg. Auch der Flugverkehr von den kleinen Lokalflughäfen schnappte Hurtigruten die Gäste weg.

Eine Neuausrichtung der Traditionslinie wurde heftig diskutiert: Die Regierung wollte kleinere Schiffe mit einer deutlichen Fokussierung auf die Fracht, die Reedereien wünschten sich eine größere Passagierkapazität, weil sie auf den Tourismus setzen wollten. Als Kompromiss bestellten die verbliebenen Reedereien drei Schiffe, die in Norwegen gebaut wurden: MIDTNATSOL, VESTERÅLEN und NARVIK hießen die 1982 und 1983 in Dienst gestellten Neubauten, die erstmals über eine seitliche Ladeluke verfügten. Bis dahin gab es vier Autostellplätze auf dem Vordeck, die Verladung erfolgte per Kran. Nun konnten die Wagen über eine Rampe und einen Aufzug unabhängig von der Höhe des Kais einfach verladen werden. Schön waren die neuen Schiffe nicht, die Linienführung erinnerte wirklich stark an Frachtschiffe. Bald erwiesen sich die drei Neuen zudem als zu klein, bereits nach fünf Jahren mussten sie umgebaut werden.

Die TROLLFJORD, hier beim Auslaufen aus Berlevåg, ist eines der jüngsten Schiffe, das fast schon Kreuzfahrtstandard, erreicht.

134   Der Tradition verpflichtet

Der Plan wird bis heute in Norwegen als dreist bezeichnet, gleichzeitig schwingt aber auch Bewunderung mit: Neue, größere Schiffe sollten gebaut werden, mit einem Standard, der sich weniger an praktischen Fährschiffen, sondern vielmehr an Kreuzfahrtschiffen orientieren sollte. Die mittlerweile noch zwei verbliebenen nordnorwegischen Reedereien setzten ihre Pläne durch: Zum 100-jährigen Jubiläum von Hurtigruten 1993 wurde mit der Kong Harald das erste Schiff der neuen Baureihe in Dienst gestellt. Was für ein Unterschied! Nicht nur die »traditionellen Schiffe« – so nannte man nun die Schiffe aus den 1950er- und 1960er-Jahren –, nein, selbst die drei Arbeitsschiffe aus den 1980er-Jahren sahen neben der jüngsten Schiffsgeneration klein aus.

Die Bauform wurde eine Erfolgsgeschichte, auch wenn so mancher Traditionalist den klassischen Hurtigrutenschiffen der 1960er-Jahre nachweinen mag. Die Zahl der Reisenden stieg von 268 000 im Jahre 1992 wieder auf knapp 500 000 Gäste jährlich. Der norwegische Staat konnte, wie vom Parlament gewünscht, die Zuschüsse für Hurtigruten reduzieren. Nur der Betrieb des Liniendienstes im Winter wurde noch unterstützt, im Sommerhalbjahr trugen sich die Schiffe zum ersten Mal in ihrer Geschichte selbst.

Einen großen Teil der Einnahmen steuern bis heute die vielen Urlauber aus aller Welt bei: Deutsche, Briten, Italiener und Amerikaner lieben die Fahrt entlang der norwegischen Küste. Sie erleben, wie die Landschaft nach Norden hin immer karger wird, bis an Land keine Bäume mehr wachsen. Sie sehen, wie die Fracht verladen wird, sitzen zusammen mit der Lokalbevölkerung in den Salons. Und manchmal, wenn das Schiff in einem der Dörfer der Finnmark festmacht, liegt auf dem Kai sogar noch ein Postsack. Komfort hin, üppiges Buffet her – es sind eben doch noch Postdampfer.

Die Vesterålen war als Frachtschiff konzipiert, wurde aber schon fünf Jahre nach der Indienststellung umgebaut und erhielt zusätzliche Kabinen.

Gut zu wissen

Praktische Reisetipps

Praktische Reisetipps

Die Schiffe der Hurtigruten sind keine Kreuzfahrtschiffe. Es handelt sich um Passagierschiffe im Liniendienst, die Passagiere und Frachtgut befördern und sich nach einem festen Fahrplan richten. Hafenanläufe finden rund um die Uhr statt, wobei auch be- und entladen wird. An Bord gibt es auch kein Animations- oder Unterhaltungsprogramm. Doch genau diese Merkmale sind es, die auf den Hurtigrutenschiffen für ein treues Stammpublikum sorgen. Geboten werden Seefahrt pur und Landschaft pur, denn durch die häufigen Hafenanläufe bleiben die Schiffe meist dicht unter Land, viel näher als ein Kreuzfahrtschiff – einer der großen Vorteile von Hurtigruten.

Reisearten

Für Touristen werden die Rundreisen beworben, entweder als zwölftägige Seereise von Bergen nach Kirkenes und zurück oder als halbe Tour von Bergen bis Kirkenes nordgehend beziehungsweise in die Gegenrichtung südgehend. Da in vielen Fällen südgehend tagsüber die Häfen besucht werden, die nordgehend nachts angelaufen wurden, ist durchaus für Abwechslung gesorgt.

In Norwegen sind die Hurtigrutenschiffe in erster Linie ein Verkehrsmittel und keine Urlaubsschiffe. Auch als Tourist kann man genau wie die Norweger nur Teilstrecken buchen. Sinnvoll sind beispielsweise die Abschnitte von Trondheim auf die Lofoten oder von den Lofoten bis nach Honningsvåg oder Kirkenes. Mit Ausnahme der Schiffe Lofoten von 1964 und Nordstjernen von 1956 können an Bord auch Fahrzeuge transportiert werden, allerdings in begrenzter Zahl. Auf diese Weise lässt sich ein Weg per Schiff und ein Weg mit dem eigenen Fahrzeug zurücklegen. Dies ist sicher eine attraktive Reiseform, allerdings sind die Preise hoch.

Zusätzlich werden von verschiedenen Reiseveranstaltern Schnuppertouren angeboten, auf denen man zumeist auf der Strecke Bergen–Trondheim an Bord ist. Sie eignen sich, um auszuprobieren, ob einem die Atmosphäre an Bord von Hurtigruten gefällt, mehr aber auch nicht.

Schiffe und Kabinen

Je nach Zählweise sind drei bis vier unterschiedliche Generationen von Hurtigrutenschiffen im Einsatz. Die ältesten sind die Lofoten von 1964 und die 2012 zum wiederholten Male ausgemusterte Nordstjernen von 1956. Sie wurde bereits mehrfach außer Dienst gestellt, kehrte aber immer wieder als Ablöser und Ersatzschiff in den Liniendienst zurück. Diese beiden Schiffe verfügen über einen historischen Charme, sie sind gut gepflegt und das Verhältnis zwischen Gästen und Besatzung ist oft enger als auf den großen, neuen Schiffen. Aufgrund ihrer baulichen Beschränkungen sind sie in erster Linie für Schiffsliebhaber geeignet, denen es nichts ausmacht, wenn enge Wendemanöver mit dem Anker gefahren werden – was natürlich eine laut rasselnde Ankerkette zur Folge hat.

Die mittlere Generation wird nur noch von einem Schiff repräsentiert: Die Vesterålen von 1983 gehört zu einer Baureihe von drei Schiffen, die ursprünglich den Schwerpunkt auf Frachtgut legten. Bereits nach wenigen Jahren war die Passagierkapazität zu klein geworden, sodass das Schiff 1988 umgebaut und die Kapazität durch Decksaufbauten mit zusätzlichen Kabinen erweitert wurde. Schöner wurden die drei Schiffe dadurch allerdings nicht. Die vergleichsweise kleine Vesterålen gleicht dieses Manko mit viel Gemütlichkeit und engagiertem Personal aus.

Am häufigsten unterwegs sind die Schiffe der Generation von 1993/94, die auf der Volkswerft in Stralsund gebaut wurden. Hierzu zählen die Kong Harald, die Richard With und die Nordlys. Später folgten die Polarlys, die Nordkapp (beide 1996) und die Nordnorge (1997), die sich von der Bauart her ziemlich gleichen. So ist die Raumaufteilung bei all diesen Schiffen identisch, Unterschiede gibt es hier vor allem in der Einrichtung der öffentlichen Räume. So hat beispielsweise die Polarlys einen um 70 Zentimeter höheren Salon, sodass die Panoramascheiben größer ausfallen als bei den anderen Schiffen. Die Finnmarken von 2002 stellt den Übergang zur jüngsten Generation der Luxusschiffe dar. Damit gemeint sind die Trollfjord (2002) und die Midnatsol (2003), die über ein Deck mehr und besonders viele Suiten verfügen. Anspruchsvolle Gäste haben auf diesen Schiffen eine größere Auswahl an Kabinen. Die Standardkabinen sind mit zwei Unterbetten, davon ein drehbares Sofabett, und teilweise ausklappbaren Oberbetten versehen. Der Schrankraum ist begrenzt, das Gepäck sollte daher nicht allzu üppig ausfallen.

Reisezeit und Wetter

Die beste Reisezeit ist eine Geschmacksfrage. Die höchste Nachfrage gibt es rund um die Mittsommernacht im Juni, der teuersten Saison – und vom Wetter her oft durchwachsen. Der Juli und der August können deutlich wärmer sein. Geheimtipp für den äußersten Nordosten sind Ende August und der September. Der Mai ist in Westnorwegen oft trockener als der Juni, in Nordnorwegen herrscht zu dieser Zeit aber fast noch Winter.

Bei den Reisen im Winterhalbjahr ist der November sicher der schwierigste Monat, zumal die Dunkelzeit im Dezember und Anfang Januar viele schöne Landschaftsansichten verschluckt. Ab dem 21. März ist dann der Norden wieder im Vorteil. Deshalb zählen Ende März und der April auch zu den attraktiven Reisezeiten mit viel Licht, Ausblicken auf leicht verschneite Landschaften und noch erschwinglichen Preisen.

Da auf der Reise von Bergen nach Kirkenes verschiedene Klimazonen durchfahren werden, wird man höchstwahrscheinlich unterschiedliches Wetter haben. Man sollte deshalb immer warme Kleidung mit sich führen. Ein wind- und regendichter Anorak gehört ebenso ins Gepäck wie ein warmer Fleece-Pullover und festes Schuhwerk. Die große Abendgarderobe hingegen kann daheimbleiben.

Landausflüge

Hurtigruten bietet eine Vielzahl von Landausflügen an, die teils vor der Reise gebucht werden können, teils aber auch an Bord. Die Preise haben durchaus Kreuzfahrtniveau. Um eine Hafenstadt zu entdecken, muss man nicht unbedingt einen Landausflug buchen. Oft kann man auch vom Schiff aus zu Fuß in den betreffenden Ort gehen.

Weitere Tipps zu diesem Thema erhalten Sie in dem Buch »Kreuzfahrt-Guide Hurtigruten«.

Eine Reise mit Hurtigruten ist anders als eine Kreuzfahrt: näher an Land und Leuten und mit dem Panorama der norwegischen Küste als ständigem Begleiter. Dass man das eigene Auto mitnehmen kann, eröffnet neue Möglichkeiten der Reiseplanung.

Schiffsregister

Finnmarken (1956) 87, 123
Finnmarken (2002) 122, 140
Fram (1892) 99, 100, 101
Hohenzollern II (1893) 35
Italia (Luftschiff) 101
Kong Harald (1993) 86, 124,
 136, 140
Lofoten (1964) 77, 83, 87, 125,
 127, 140
Midnatsol (1982) 134
Midnatsol (2003) 65, 122, 127, 140
Narvik (1982) 134
Nordkapp (1996) 12, 84, 127, 129,
 140
Nordlys (1994) 24, 128, 140
Nordnorge (1997) 56, 65, 71,
 129, 140
Nordstjernen (1956) 30/31, 87,
 130, 140
Norge (Zeppelin) 101
Polarlys (1996) 75, 132, 140
Richard With (1993) 35, 132, 140
Trollfjord (2002) 111, 122, 134, 140
Vesteraalen (1891) 126, 129
Vesterålen (1983) 87, 134, 136, 140

Ortsregister

Adlerstraße 9, 37, 39
Aksla 32
Ålesund 12, 24, 31, 32, 33, 35,
 37, 39, 127
Alsten 64
Alta 105
Alta elva 114
Åndalsnes 39
Andenes 88, 89
Andøya 87, 88, 89
Atlanterhavsvegen s. Atlantikstraße
Atlantikstraße 41
Aurland 17
Aurlandsfjord 17, 20, 28
Austvågøy 81

Bahnmuseum 28
Balestrand 29
Balsfjord 97
Bergen 17, 24, 26, 27, 28, 44, 71,
 93, 124, 126, 129, 130, 132, 134,
 140, 141
Berlevåg 111, 134
Bodø 54, 57, 59, 70, 71, 74
Borgsund 29
Briksdalsbreen 22
Brønnøysund 59, 61, 64, 65
Brosund 35
Bryggen 35
Bybrua 47
Bygdøy 101

Camp Tamok 117
Christiania s. Oslo

Dalsnibba 36, 39
Djupvatnet 36
Dønna 59

Eismeerkathedrale 94
Engabreen 70

Finnsnes 117
Fiskebøl 83
Fjærlandsfjord 17, 23
Flakstad 81
Flakstadøya 81
Flåm 17, 20, 28
Flåmsbahn 28, 29
Florø 31

Gällivare 111
Geiranger 9, 12, 17, 37
Geirangerfjord 11, 12, 17, 24, 28,
 31, 36, 37, 39, 127
Gudvangen 17, 28

Hamburg 123, 133
Hammerfest 93, 99, 110, 111, 124,
 129, 132, 133
Hanseatiske Museum, Det 26
Hanseviertel Bergen 26
Hardangerfjord 17, 18, 22
Hardangervidda 28
Harstad 85, 87
Hellesylt 12, 37
Henningsvær 76
Herøy 59
Høyvika Bucht 89
Holandsfjord 70
Honningsvåg 108, 140
Hornvika 108
Hurtigrutenmuseum 87
Husøya 65
Hustadvika 40, 41

Ifjordfjell 113

Jostedalsbreen 17, 22, 23

Kamøyvær 107
Kirkenes 24, 111, 117, 119, 129, 130, 132, 134, 140, 141
Kiruna 111, 114
Kjerag 11
Kjeragbolten 11, 14
Kjøllefjord 108, 114, 117
Kjølnes Fyr 111
Kjosfossen 28
Knivskjellodden 108
Kristiansten 47
Kristiansund 40, 41
Kvaløya 93
Kvikne's Hotel 29

Leka 61
Lepramuseum 27
Lofoten 71, 72, 73, 74, 75, 76, 77, 80, 81, 82, 83, 87, 88
Lovund 65
Lurøy 59
Lusterfjord 17, 20
Lyngen-Halbinsel 93
Lysefjord 11, 14, 17

Magerøya 107, 108
Måløy 31
Mehamn 114, 117
Mekøya 110
Melbu 83
Molde 38, 39, 41
Moldefjord 38, 39
Moskenes 71, 81
Moskenesøya 81
Moskenstraumen 71
Munkholmen 128

Murmansk 119
Myrdal 28, 29

Nærøyfjord 17, 20, 28
Narvik 87, 111, 119
Nesna 65, 70
Newcastle 132
Nibbevei 36
Nidarosdom 46, 47, 53
Nidelva 46
Nordkap 102, 103, 105, 107, 108, 124
Nordkapp 108
Norveg, Museum für Küstenkultur 54

Ørnes 66, 70
Ørnesvingen
  s. Adlerstraße
Øye 35
Oslo 28, 44, 71, 99, 101

Polaria Museum 94
Polarmuseum 99, 101
Porsangerfjord 11, 108
Preikestolen 11, 14

Raftsund 77, 83, 86, 87
Ringve-Museum 50, 51
Risøyhamn 87, 88, 124, 132
Risøyrinne 87, 132
Rjukan 71
Rockheim, Museum 50, 51
Rørvik 54, 56, 57
Romsdalsfjord 39

Saltstraumen 71
Sandnessjøen 61, 65

Seilet, Hotel 38
Selvær 65
Senja 126
Sieben Schwestern 61, 64
Sjona 64
Skarsvåg 108
Skjervøy 105
Sognefjord 17, 22, 28, 29, 31, 35
Solvorn 20
Sortland 87, 132
Stadlandet 31
Stalheim-Hotel 28
Stalheimstraße 28
Stamsund 74, 79
Stavanger 11
Stave 89
Stiklestad 53
Stokmarknes 83, 87, 123
Storfjord 17, 36, 37, 127
Storsteinen 91
Stralsund 124, 128, 140
Stranda 37, 127
Stryn 23, 37
Sunnylvsfjord 36, 37, 127
Svartisen 66, 70, 71
Svolvær 74, 75, 77, 83, 87, 129

Tana 114
Tjeldsund 87
Torghatten 64, 65
Torvik 31
Træna 65
Trollfjord 86, 87
Trollstigen 36, 39
Tromsdalens Kirke
  s. Eismeerkathedrale
Tromsø 87, 91, 93, 94, 97, 99, 101, 114, 117, 124, 129

Trondheim 24, 42, 44, 45, 46, 47, 50, 51, 53, 54, 57, 59, 124, 128, 129, 132, 133, 140
Trondheimsfjord 11, 40, 44, 45, 46

Ulsteinvik 122, 127
Union-Hotel 35

Vadsø 100, 101, 111, 113, 124, 132
Værøy 71
Vangsnes 35
Vardø 93, 108, 113, 119, 121
Vega 59
Vesterålen 74, 83, 87, 88, 89
Vestfjord 74
Vestvågøy 81
Vik 29
Vikna 54, 56
Voss 28

Westkap 31

Das Titelbild zeigt die MS RICHARD WITH im Geirangerfjord
und das Foto auf der Rückseite die Hansestadt Bergen.

Bibliografische Information der Deutschen Nationalbibliothek
Die Deutsche Nationalbibliothek verzeichnet diese Publikation in der
Deutschen Nationalbibliografie; detaillierte bibliografische
Daten sind im Internet über http://dnb.dnb.de abrufbar.

2. Auflage
ISBN 978-3-667-10556-1
© Delius Klasing & Co. KG, Bielefeld

Alle Fotos inklusive der Schutzumschlagabbildungen stammen vom Autor bis auf:
Thomas Bork, Offenburg: S. 64
Corbis, Düsseldorf: S. 14 (Image Source), 15 (Christian Kober), 16 (Doug Pearson/JAI),
17 (Paul A. Souders), 18/19 (Bo Zaunders), 20/21 (Christophe Boisvieux), 21 o. (Hans-Peter Merten/
Robert Harding World Imagery), 21 u. (Nick Laing/JAI), 22/23 (Gavin Heller), 23 o. (Image Source),
29 u. (Keren Su), 37 (Tony Waltham/Robert Harding World Imagery), 47 o. (José Fuste Raga),
47 u. (Adam Woolfitt), 48/49 (Doug Pearson), 50 (Wolfgang Kaehler), 52 (Doug Pearson/JAI),
72/73 (Olaf Krüger/Imagebroker), 80/81 (Doug Pearson/JAI), 81 o. (Doug Pearson/JAI),
81 u. (José Fuste Raga), 88 (Carlo Morucchio/Robert Harding World Imagery), 89 (Stephan Knödler/
Imagebroker), 94 o. (Richard Cummins/Robert Harding World Imagery), 98 (Kevin Schafer),
115 (Arild Heitmann/Stocktrek Images), 116 o. (Tim Graham), 116 u. (Adam Woolfitt),
117 (Tim Graham), 118/119 (Jan Butchofsky), 138/139 (Barry Lewis/In Pictures),
141 (Michael Reusse/Westend61)
Getty Images, München: S. 36 u. (Dave Porter)
Hurtigruten, Hamburg: S. 122/123
Mauritius Images, Mittenwald: S. 71 (Trond Hillestad), 110 (age)
picture-alliance, Frankfurt/Main: S. 84/85 (Hinrich Bäsemann), 100 o. re. (Imagno)
Scanpix, Oslo: S. 101 (Jens Sølvberg/Samfoto)
Max Schröder, Kiel: S. 76, 78/79, 102/103, 104/105, 106/107, 129

Karte: Planstelle Jens Rademacher, Hamburg
Schutzumschlaggestaltung: Gabriele Engel, Bielefeld
Layout: Angelika Schneidewind, Bielefeld
Lithografie: scanlitho.teams, Bielefeld
Druck: Mohn Media Mohndruck GmbH, Gütersloh
Printed in Germany 2016

Alle Rechte vorbehalten! Ohne ausdrückliche Erlaubnis des Verlages
darf das Werk weder komplett noch teilweise reproduziert, übertragen
oder kopiert werden, wie z. B. manuell oder mithilfe elektronischer
und mechanischer Systeme inklusive Fotokopieren, Bandaufzeichnung
und Datenspeicherung.

Delius Klasing Verlag, Siekerwall 21, D-33602 Bielefeld
Tel.: 0521/559-0, Fax: 0521/559-115
E-Mail: info@delius-klasing.de
www.delius-klasing.de

Beim Druck dieses Produkts wurde durch
den innovativen Einsatz der Kraft-Wärme-Kopplung
im Vergleich zum herkömmlichen
Energieeinsatz bis zu 52% weniger CO_2 emittiert.